9 782923 241807

קבלה

פנימיות התורה

ר' רפאל אפיללו

לכל המחפשים האמיתיים
של הרוחניות היהודית העמוקה
ובורא עולם

מבוא

הספר הזה הוא קיצור מושגי חכמת הקבלה שכתבתי לאחרונה. מטרתו היא להביא תמונה כֵּנָה של הקבלה האמתית. לימוד הקבלה דורש הבנה טובה של הרעיון הכללי שלה, וכן של כל מושגיה. הקבלה מסבירה לעיתים קרובות באופן אלגורי, את ראשית הבריאה, כמו גם את כלל המערכות הדינמיות אשר מוקמות כדי לקיים אינטראקציה עם האדם, ולהנהגת העולמות. המערכות הללו גורמות לנו להבין את מטרת פעולותינו, האינטראקציות שלהן עם העולמות העליונים, המסרים והמשמעויות החבויים בתורה.

ישנן מדרגות שונות של עבודת הבורא וההתקרבות אליו. ביהדות קיימים סוגים רבים של תפילות ומעשים שאנו מתבקשים לבצע באופן קבוע, כמו גם מצוות רבות. באמצעות הבנה מעמיקה יותר של הסיבות והמטרות של כל הפעולות הללו, אדם יכול בהחלט להעפיל למדרגות גבוהות יותר של אהבה וקרבה לבוראו. אולם, רמה זאת איננה ניתנת להשגה בין לילה, וללא השקעת זמן משמעותית לשם לימוד והתבוננות בידע המעמיק הזה. בספר זה, הקורא ימצא את רוב המושגים הבסיסיים וגם מספר מושגים יותר מתקדמים, על מנת לעלות על הנתיב הנכון להבנה אמתית של הקבלה. הוספתי גם מילון מונחים ומילון ראשי תיבות, המופיעים לעיתים קרובות בספר הזוהר

כולי תקווה שעבודה זו תסייע בהבהרת מושגים אלה, ותהווה תרומה טובה להבנה של מהי הקבלה האמתית.

בָּרוּךְ אַתָּה ה׳ לַמְּדֵנִי חֻקֶּיךָ״ (תהילים, קיט יב)

הקבלה

הקבלה היא ההסבר המיסטי והאזוטרי של התורה. היא מלמדת על: גילוי העולמות, הדרכים השונות של הנהגת העולמות האלה, תפקיד האדם בבריאה, רצונו של הבורא, ועוד. לא קיימים כתבים אחרים אשר מסבירים בפרטי פרטים את בריאת העולם הזה והעולמות שמעליו, את האורות או האנרגיות אשר משפיעים על ההנהגה שלו, או את המטרה הסופית של הכל. כתבים אלו מבוססים על טקסטים יהודיים עתיקים ובעיקר על ספר הזוהר.

הקבלה מלמדת אותנו כי העולם מונהג על ידי מערכת מורכבת מאוד של כוחות או אורות, אשר באמצעות האינטראקציות שלהם, מעוררים תגובות שרשרת המשפיעות ישירות על האדם ועל העולמות. לכל אחת מאותן התגובות הללו יש מספר רב של השלכות, עם הרבה פרטים ותוצאות. היא מסבירה לנו את ההנהגה האמיתית של העולם הזה, כך שנוכל להבין את רצון ה'. כיצד ומדוע הוא ברא את העולם, באיזו דרך הוא שולט בו, המקור של הנשמות והמלאכים, מטרת קיומו של הרע, הסיבות למערכת של שכר ועונש וכו'.

המילה קבלה באה מהשורש לקבל, אבל כדי לקבל צריך קודם כל לרצות, ולהפוך לכלי (מקבל) המסוגל לקבל ולהכיל את הידע הזה. הקבלה גם מדגימה לנו את חשיבות האדם, מפני שרק הוא, על ידי התקרבות לבורא, יכול להשפיע על הכוחות האדירים האלו. לשם כך, האדם חייב לעלות לממד גבוה יותר של הבנה, ולהתחיל לשאול את עצמו מספר שאלות חשובות מאוד כמו; למה?, מה המטרה של ביצוע מעשה זה, או תפילה זו?, מהן תוצאות פעולותיי? וכו'.

ספרי חז"ל מסבירים בפירוט "כיצד" לעשות, אבל רק ספר הזוהר וספרי הקבלה מסבירים לנו את הסיבות המדויקות ואת ההשפעות של כל תפילותינו ופעולותינו.

אני מאמין כי רוב בני אדם משתוקקים לשרת במיטבם את הבורא, אך הם התרגלו לבצע ולא לחפש מעבר, או שנמנע מהם הידע הזה. עכשיו זה הזמן לדעת וללמוד את המדע המדהים הזה.

מה מלמדת חכמת האמת

רמח"ל – שערי רמח"ל, צה-צח

כתיב: כה אמר ה', אל-יתהלל חכם בחכמתו, ואל-יתהלל הגיבור, בגבורתו; אל-יתהלל עשיר, בעושרו. כי אם-בזאת יתהלל המתהלל, השכל וידוע אותי--כי אני ה', עושה חסד משפט וצדקה בארץ: כי-באלה חפצתי, נאום-ה' (ירמיהו ט, ב). מכאן ראיה ,שהחכמה, שהקב"ה בוחר בה, היא להשכיל ולדעת בו יתברך, מה [שאפשר] לדעת. ולא אמר "השכל וידוע את מצוותיי", "את דבריי", שאז היה מורה שדי לדעת המצוות, וסדר עשייתן בכל פרטיהם. אלא "השכל וידוע אותי". אם כן הוא רוצה דוקא שיתעסקו בני האדם לדעת את תפארת גדולתו. וכל שאר חכמה נאמר בה: "אל יתהלל חכם בחכמתו"

הפילוסופים אומרים, שצריך ללכת אחרי החקירה והחכמות החיצוניות, לדעת מהן יקר הבורא, כי מן המצוות אין נראה כלל שום תפארת וגדולה, ולא שום חכמה. ומפני זה הלכו אחרי ההבל של חכמות האומות. אך שקר נסכם ודאי, כי התורה בפירוש צותה: "והגית בו יומם ולילה" (יהושע א, ח). ואם היום והלילה משועבדים שניהם ללמוד התורה - אין עוד זמן נשאר לשאר חכמות. והרי בהדיא נאמר: "לא ימוש ספר התורה מפיך" וגו' (שם). אם כן לא זו הדרך ודאי, וחלילה לזרע קודש, להתפתות בשוא נתעה כזה.

אבל עדיין צריכין אנו למודעי — איזה הדרך נלך לראות בוראנו ית"ש. כי זה האמת, שמן המצוות לבד לא יצא זה. אין זה כי אם בתורה עצמה, החלק אשר הוא באמת מודיע גדולתו ית"ש, וסוד מעשיו הנפלאים, כי אז יודעים אותו באמת. והעיקר, כי הקב"ה הבדיל לו לעם סגולה — ישראל, דכתיב:

״והייתם לי סגולה מכל העמים״, ״ואתם תהיו לי ממלכת כהנים וגוי קדוש״ (שמות ט, ח-ז). וזה השורש הגדול, שכאן עומד סוד האמונה באמת: שבשעה שהקב״ה בחר בישראל, הבדילם לגמרי מכל גויי הארץ. ורצה לעשות אותם קדושים בקדושתו ממש. והוא הענין שאמרו רז״ל (תהלים עז, יד): ״אלקים בקדש דרכך״ - הוא קודש הילוכו בקדושה, דיבורו בקדושה וכו׳ (ירושלמי ברכות פ״ט, ה״א). והיינו כי הקב״ה הוא מקור הקדושה, כל עניניו אינם אלא ענינים של קדושה. וכן כל ישראל להיות קדושים בקדושה הזאת, צריך שכל עניניהם ופעולותיהם, יהיו הכל עניני קדושה ממש. והיינו כי אין די שיהיו עניניהם ענינים גשמיים, ככל שאר האדם, אף על פי שיהיו בהן מצוות שצריך לשמור אותם. זה אינו מספיק לעשותם עם קדוש ממש, כמלאכי השרת. שהקב״ה רוצה אותם למטה, כמלאכי השרת למעלה, כי מלאכי השרת אינם על דרך זה שיהיו פעולותיהם פעולות חומריות, אלא שקשרי מצוות רביעיי עלייהו, אלא כולם קדושים וכל מעשיהם קדוש.

כן ראוי שיהיו ישראל למטה באמת. והיינו כי כמו שהקב״ה אינו פונה ביחוד אלא לישראל, כך ישראל אין להם להיות פונים אלא להקב״ה. וזהו: אני לדודי ודודי לי (שה״ש ו, ג), אני לדודי ועלי תשוקתו (שה״ש ז, יא), ולהיות כל מעשיהם על דרך זה. והוא ענין ״בכל דרכיך דעהו״ (משלי ג, ו). ואף על פי שגם הפסוק יש לפרש אותו - שדי להיות מכוון לשם שמים, דהיינו שיאכל כדי שיחיה ויעבוד את ה׳, וכן על דרך זה [שאר המעשים]. אין זה עיקרו! אבל להיות כל המעשים ממש דברי קדושה, ואז ישארו ישראל מובדלים לגמרי מן כל שאר האומות, בלי סרך כלל. אלא שאר האומות — אנשים, וישראל — כמלאכי השרת.

על כן, עיקר מה שצריך האדם להיות משכיל, הוא ענין קדושתו יתברך המתפשטת בעולמו, שישראל נתקדשו בה — מה ענין הקדושה הזאת, ומה הם דרכיה, ואיך מתפשטת, ואיך מזדמנים לקראתה להתקדש בה כראוי. ומי שיראה זה, יראה באמת איך כל הבריאה כולה לא נבראת אלא בשביל זה. והיינו ״בראשית״ — בשביל ישראל שנקראו ראשית״ (ויק״ר לו, ד). ויראה בהדיא כי כל העולם לא נברא אלא לפי שנתאוה הקב״ה להשרות

קדושתו על ישראל, וכמה הכנות גדולות הכין לענין זה. כי ודאי שצריך שישראל יהיו ראוים לה, ואינם ראוים לה אלא אם כן ישמרו כל התורה והמצוות בכל דקדוקיהם ופרטותיהם, ומשמרת למשמרת שלה בכל חומרותיה, כי בזה תלוי הכל.

אבל כמה דרכים הכין לזה הענין, וכמה גלגולים גדולים, בכמה חכמה עמוקה, בהיות צופה כל העתידות. ורצה לתת יצר הרע, לנסות בו בני האדם. ומפני שהיו עתידים לחטוא, זימן מתחילה כמה גלגולים גדולים, עד שבסוף הכל יתוקנו ישראל תיקון גמור. ותהיה קדושה זאת מתפשטת בהם לנצח נצחים. וזהו ענין האהבה הגדולה שבין הקב"ה וישראל.
והנח מי שאינו יודע דברים אלה, נקרא שהוא הולך כעיור באפילה, כי אינו יודע כלום על מה הוא חי, על מה מתקיים העולם, וכל שכן על מה עומד העולם כולו.

ועל זה היו צועקים חז"ל: אוי להם לבריות שרואות ואינם יודעות מה רואות, עומדות ואינם יודעות על מה עומדות (חגיגה יב, ע"ב). כי אין זה כבודו של מקום ב"ה, ולא שבחם של ישראל. הא למה זה דומה: למלך שאוהב אחד מעבדיו, ועושה בעבורו כמה דברים גדולים בעבור אהבתו, הייטב בעיניו שלא יהיה העבד ההוא שם בלבו לכל הדברים הרבים האלה, ולא ירצה אפילו לדעת מה עשה לו. כן הדבר הזה, כי באמת, כל העולם ומלואו אינו עומד אלא על האהבה שהקב"ה אוהב את ישראל. ואם ישראל אינם שמים לב לראות דבר גדול כזה, הייטב בעיני ה'?
זהו הטעם שרשב"י צווח כל כך על זה, וקורא לעוסקים בפשט התורה, שהם ישנים בתרדמה, כי אינם פוקחים עיניהם כלל לראות באהבה שהקב"ה אוהב אותם, כאילו הם ח"ו כפויי טובה אליו. ועוד, שאינם רואים ואינם יודעים דרך הקדושה כלל, ואת הדבקות בו יתברך. והרי התורה מצוה ואומר: "ובו תדבק" (דברים י, כ). ואף על פי שפירשו על המתדבק בתלמיד חכם, אבל סוף סוף אין מקרא יוצא מידי פשוטו. והאמת, שצריכים ישראל לידבק בו ממש בדביקות גמור, לדעת דרכיו המיוחדים על פי קדושתו, וללכת בהם. והנה על כן אמרו: "שיר השירים" — קדש קדשים (שה"ש רבה, סוף הפתיחה). כי הוא מיוסד ממש על זה הענין, ומפרש האהבה

הזאת, וכל ההשתדלות שמשתדל הקב״ה להתדבק בקדושתו עם ישראל, שישראל צריכים להקביל כנגד זה תשוקה אליו יתברך, להתדבק דביקות ממש.

והנה זה פרי הגלות בעו״ה, ששכחו ישראל את הדרך הזה, ונשארו ישנים, משוקעים בתרדמתם, ואין שמים לב לזאת. אבל תורה חוגרת שק על צרתה. והנה אנחנו במחשכים כמתי עולם, כעורים ממש המגששים קיר. לישרים לא נאוה ללכת בדרך הזה, אלא אדרבא לפקוח עיניים עיורות, ולראות אהבת ה׳, ולדעת הקדושה ודרכיה, להתקדש בה ממש.

והנה כל זה ענין חכמת האמת - הקדושה. כי אינה אלא ביאור ענין הקדושה הזאת, דהיינו מה שרצה האדון ית״ש להשרות על בריותיו, והסדרים שסידר לזה לכל הזמנים, פירוש — לזמן העולם הזה, שהוא זמן העבודה. וכאן נפק חלוקי סדרים : לזמן שישראל זכאים — לזמן שישראל ראוים להיות על אדמתם, ולזמן שהם צריכים להיות בגלות, לזמן שראוי להאיר להם פניו, ולזמן שראוי להסתיר, ואף על פי כן, אפילו בהסתר פנים - לקיים להם הקדושה. ואחר כך - לזמן קבלת שכרם, שהוא לעתיד לבא לנצח נצחים. נמצאת כל חכמת האמת עומדת רק על ענין זה, על ענין קדושתם של ישראל, איך שהקב״ה מתדבק בהם מקדושתו, ואיך שישראל יש להם לידבק בתשוקתם ועבודתם בקדושתו ית״ש. ואיך על זה עומדים כל עניני העולם, וכל הבריאה כולה, למאז היותה ועד עולמי עד״י.

וּבִקַּשְׁתֶּם מִשָּׁם אֶת־יְהֹוָ־ה אֱלֹהֶיךָ וּמָצָאתָ כִּי תִדְרְשֶׁנּוּ בְּכָל־לְבָבְךָ וּבְכָל־נַפְשֶׁךָ: דברים, ד, כט

כל הנשמות בעולם הזה, שיעשו את המאמץ כדי לדעת את הבורא באמצעות כתבי הסוד שלו (הקבלה), יעלו גבוה מכל הנשמות האחרות שלא לימודו והיבנו, ויהיו הראשונים בזמן תחיית המתים. זוהר, וישב, קפב, ב

פרק 1

בריאה

בתחילה, לא היה קיום אחר, המאציל היה לבדו,וממלא כל החלל עם אורו. אורו היה בעל קדושה ועוצמה כה גדולים, שלא ניתן היה לשום ישות להימצא כלל. כאשר הוא החליט לברוא, היה עליו ליצור תחילה 'מרחק' מסוים מהאור שלו, על מנת לתת אפשרות קיום לישויות נפרדות. לפני שניכנס לעניין של המרחק (הצמצום), נתבונן קצת על תכלית או כוונת הבריאה.

סיבת בריאת העולמות

מכתבי האר״י

״בענין תכלית הכוונה של בריאת העולמות נבאר עתה ב׳ חקירות שנתעסקו בהם המקובלים. החקירה הראשונה הוא מה שחקרו חכמים ראשונים ואחרונים לדעת סיבת בריאת העולמות לאיזה סיבה היתה. ונמנו וגמרו וגזרו אומר כי סיבת הדבר היה לפי שהנה הוא יתברך מוכרח שיהיה שלם בכל פעולותיו וכוחותיו ובכל שמותיו של גדולה ומעלה וכבוד, ואם לא היה מוציא פעולותיו וכוחותיו לידי פועל ומעשה לא היה כביכול נקרא שלם לא בפעולותיו ולא בשמותיו וכינויו כי הנה השם הגדול שהוא בן ד׳ אותיות הוי״ה נקרא כן על הוראות הוויותו הנצחית וקיומו לעד - היה הוה ויהיה טרם הבריאה ובזמן קיום הבריאה ואחרי התהפכו אל מה שהיה.

ואם לא נבראו העולמות וכל אשר בהם לא יוכל ליראות אמיתת הוראת הוויותו יתברך הנצחית בעבר והוה ועתיד ולא יהיה נקרא בשם הוי״ה כנ״ל. וכן שם אדנו״ת נקרא כן על הוראת אדנות היות לו עבדים והוא אדון עליהם. ואם לא היה לו נבראים לא יוכל ליקרא בשם אדון ועד״ז [ועל דרך זה] בשאר שמות כולם וכן בענין הכנויים, כגון: רחום וחנון ארך אפים, לא יקרא על שמם זולת בהיות נבראים בעולם שיקראו לו ארך אפים, וכיוצא בזה בשאר הכינוים כולם.

אמנם בהיות העולמות נבראים אז יצאו פעולותיו וכוחותיו יתברך לידי פועל, ויהיה נקרא שלם בכל מיני פעולותיו וכחותיו וגם יהיה שלם בכל השמות וכינוים בלתי שום חסרון כלל ח״ו. וענין טעם זה נתבאר היטב בס״ה [בספר זוהר דף רנ״ז.

ולכן צריך שתדע את אשר נבאר בחיבורינו. והוא כי הנה נודע כי האור העליון למעלה למעלה עד אין קץ הנקרא אין סוף שמו מוכיח עליו שאין בו שום תפיסה לא במחשבה ולא בהרהור כלל ועיקר. והוא מופשט ומובדל

מכל מחשבות והוא קודם אל כל הנאצלים והנבראים והיצורים והנעשים, ולא היה בו זמן התחלה וראשית, כי תמיד הוא נמצא וקיים לעד ואין בו ראש וסוף כלל. (כתבי האר״י, עץ חיים, היכל א׳)

צמצום

בתחילה, לא היה קיום מלבד אורו – אור האין סוף. המאציל היה לבדו, ממלא כל החלל עם אורו[1]. אורו, ללא סוף, גבולות או מגבלה, מילא את הכל. הוא לא העניק את השפעתו מפני שלא היה מי שיקבל אותה. כאשר הוא רצה לברוא; הוא התחיל להשפיע. אורו, בהיותו כה קדוש ועוצמתי, אינו מאפשר מציאות של אף ישות אחרת בקרבתו.

״דע כי טרם שנאצלו הנאצלים ונבראו הנבראים היה אור עליון פשוט ממלא כל המציאות ולא היה שום מקום פנוי בבחי׳ אויר ריקני וחלל, אלא הכל היה ממולא מן אור א״ס פשוט ההוא ולא היה לו בחי׳ ראש ולא בחי׳ סוף, אלא הכל היה אור אחד פשוט שוה בהשוואה אחת והוא הנק׳ אור אין סוף. וכאשר עלה ברצונו הפשוט לברוא העולמות ולהאציל הנאצלים, להוציא לאור שלימות פעולותיו ושמותיו וכנוייו, אשר זאת היה סיבה בריאת העולמות כמבואר אצלנו בענף הא׳ בחקירה הראשונה. והנה אז צמצם את עצמו אין סוף בנקודה האמצעית אשר בו באמצע אורו ממש, וצמצם האור ההוא ונתרחק אל צדדי סביבות הנקודה האמצעית, ואז נשאר מקום פנוי ואויר וחלל רקני מנקודה אמצעית.

והנה הצמצום הזה היה בהשואה א׳ בסביבות הנקודה האמצעית ריקנית, ההוא באופן שמקום החלל ההוא היה עגול מכל סביבותיו בהשוואה גמורה, ולא היה בתמונת מרובע בעל זויות נצבת לפי שגם אין סוף צמצם עצמו בבחי׳ עגול בהשואה א׳ מכל צדדים. והסיבה היתה לפי שכיון שאור האין סוף שוה בהשואה גמורה, הוכרח גם כן שיצמצם עצמו בהשואה א׳ מכל הצדדים, ולא שיצמצם עצמו מצד א׳ יותר משאר הצדדים. (כתבי האר״י, עץ חיים, היכל א׳)

---

[1] דהיינו: אנרגיה

הצמצום היא הפעולה הראשונה של האין סוף[2] בבריאה. זוהי הסתלקות של אורו מחלל מסוים והקפתו, כדי להקטין את עוצמתו, ולאפשר את קיומן של הישויות הנבראות. לאחר הצמצום הזה, קרן מאורו של האין סוף נכנסה לתוך החלל הריק הזה ויצרה את הספירות (החוקים) הראשונות. על ידי החוקים האלה האור הזה גילה את המושגים של דין וגבול, להם זקוקות הישויות הנבראות, ונתן מקום לכל הנבראים להתקיים בו.

חלל – מרחב ריק

לאחר הצמצום של אור האין סוף, מרחב ריק, הנקרא חלל, נותר במרכז הבריאה החדשה הזאת – חלל ללא נוכחותו המלאה של האין סוף. חלל זה הוא מעגלי ומכיל את כל אפשרויות הקיום של ישויות נפרדות[3], לאור העובדה שהן כעת מרוחקות מהעוצמה של אורו.

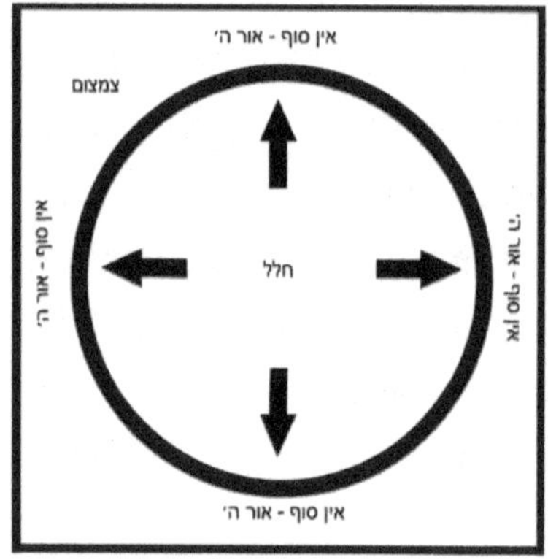

איור 1 צמצום - חלל

רשימו

זה האור שנאצל היה נקרא רשימו מן האור הקדום, שלרוב גדולתו לא היה מושג. וסוד זה הרשימו הוא הנקרא מקום כל הנמצא, לפי שהוא נותן להם מציאות, מה שלא היה נותן הבלתי תכלית. זה המקום נקרא שהוא חלל,

---

[2] כינוי של המאציל שמשתמשים ביותר בקבלה
[3] פיזיות ורוחניות

והוא פנוי מאור האי״ס[4] ב״ה, דהיינו שאין הבלתי תכלית נמצא בו כבתחלה, בזה הרשימו נשרש כל מה שעתיד להיות. ומה שלא הושרש שם לא יכול להיות אחר כך. (רמחי״ל, קלי״ח, פתחים כו – כז)

כאשר אורו של האין סוף נסוג כדי ליצור את החלל המעגלי הזה, הרושם שלו, הנקרא רשימו – כעין חותם, נותר בפנים. אור זה, שעוצמתו נמוכה יותר מהאין סוף, איפשר מרחב קיום (מקום) לכל העולמות והישויות שעומדים להימצא.

שורשי כל הקיום והמאורעות העתידיים נמצאים ברשימו. שום דבר אינו יכול להימצא מבלי שיהיה לו שורש בחותם זה.

החיבור של הרשימו - חותמו של האור המקורי, והקו – קרן של אורו הישר, יהיה המקור[5] של כל העולמות והקיום העתידיים.

הקו

דהיינו כנשמה המנהגת את הגוף רק לפי מה שהוא. וזה נקרא קו אחד מהאין סוף ב״ה הנכנס בתוך החלל. כי זה העניין עצמו שהוא פועל ברשימו היינו לפי הנבראים. אך הוא בעצמו פועל אותו בשלמותו. והנה זה העניין לפי הנבראים הוא הרשימו, אך בקו הוא מה שהוא לפי שלמותו. (קלי״ח, פתח כז)

קו של אורו הישר נבע מהאין סוף ונכנס לצידו האחד[6] של החלל הריק שבו היה עדיין חותם האור המקורי. הקו, אשר מייצג את הזכריים, והחותם, אשר מייצג את הנקביות, יתנו כעת יחדיו קיום לעולמות ולמערכות השונות של הספירות[7], שבאמצעותן המאציל ימשול בעולמות האלה.

---

[4] אין סוף
[5] קו הוא הזכר, רשימו הוא הנקבה
[6] עליון
[7] חלק מהאנרגיה של המאציל, המועברת בתוך תכונה או מאפיין. ראה פרק 2

קיימות שתי מערכות מרכזיות של הנהגת העולמות: האחת היא עבור ההנהגה הכללית, היא אחראית על הטבע והמאורעות של הזמן. והשנייה, עבור ההנהגה של המין האנושי, ומושפעת ממעשיהם ומזמנם. לאחר הכניסה לחלל הריק, הקו יצר עשר ספירות עגולות המקיפות זו את זו (ספירות של עיגולים) – האחריות על ההנהגה הכללית של העולמות, תוך שמירה על צורתו.

הוא יצר גם עשר ספירות בסידור ליניארי (ספירות של יושר) – האחראיות על ההנהגה של העולם בדרך של חסד, דין ורחמים, שהיא ההנהגה המאוזנת[8] של הקיום הזה. הקו הוא השורש של כל ההנהגה והפנימיות העמוקה ביותר[9] של כל הבריאה הזאת.

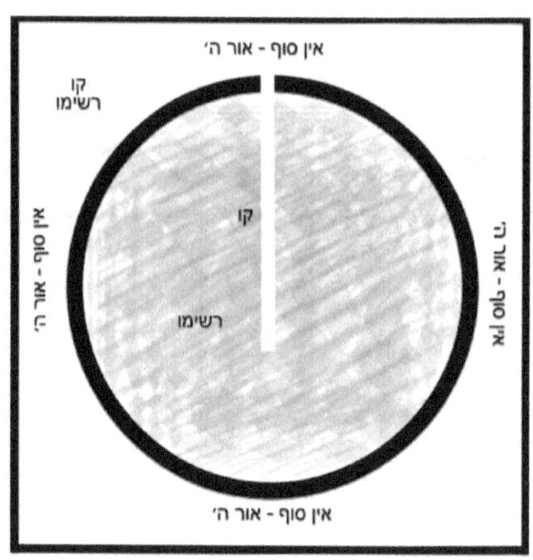

איור 2 – קו ורשימו

ספירות של עיגולים

והנה, בהיות אור האין סוף, נמשך בבחי' קו ישר, תוך החלל הנ"ל, לא נמשך ונתפשט תכף עד למטה אמנם היה מתפשט לאט לאט. ר"ל, כי בתחלה

התחיל קו האור להתפשט, ושם תכף בתחלת התפשטותו בסוד קו, נתפשט ונמשך ונעשה, כעין גלגל א', עגול מסביב.

והנה, העיגול הזה הראשון, היותר דבוק עם האין סוף, הוא הנקרא כתר דא"ק [דאדם קדמון[10]]. ואחר כך נתפשט עוד הקו הזה, ונמשך מעט, וחזר להתעגל, ונעשה עיגול ב', תוך עיגול הא', וזה נקרא עיגול החכמה דא"ק. עוד מתפשט יותר למטה, וחזר להתעגל, ונעשה עיגול ג', תוך העיגול הב', ונק' עיגול בינה דא"ק. ועד"ז, היה הולך ומתפשט, ומתעגל ... עד עיגול י' מלכות דא"ק.

(כתבי האר"י, עץ חיים חלק א, 'היכל א אדם קדמון)

עשר הספירות בצורת עיגולים מקיפות את כל החלל הריק, אחת סביב לשנייה. הספירה הראשונה, כתר[11], מקיפה את חכמה, אשר מקיפה את בינה וכך הלאה עד שיסוד מקיפה את הספירה האחרונה - מלכות.

עשר הספירות של עיגולים האלה אחראיות על ההנהגה הכללית של העולמות, הן פועלות לקיומה, למה שנדרש עבור מקרי הטבע, ולחיי הצומח ובעלי חיים. ההנהגה הזו אינה מושפעת מפעולות בני אדם.

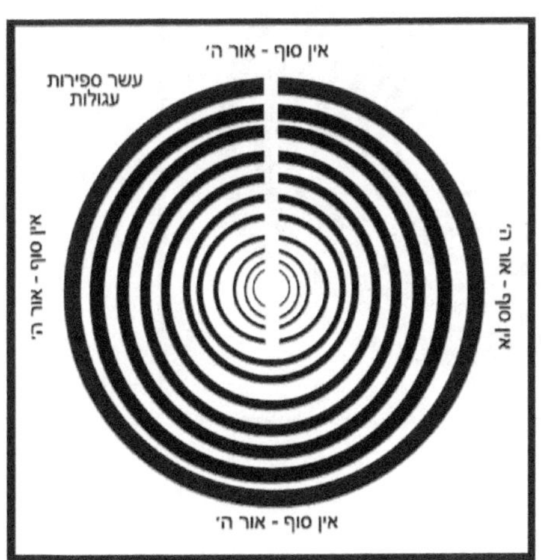

איור 3 — ספירות של עיגולים

---

[10] . ראה להלן, פרק אדם קדמון
[11] כתר הוא הגבול החיצוני של החלל הריק

ספירות של יושר

אחרי העיגולים הקו הישר יצר עשר ספירות אחרות, אך הפעם בסידור ליניארי. עשר הספירות של יושר סודרו בשלושה עמודים: ימין, שמאל ואמצע, זהו המודל של ההנהגה הדינמית של העולם. כל אחד משלושת העמודים הללו מייצג את אחד הכוחות העיקריים אשר יוצרים את ההנהגה: חסד, דין ומה שיוצר את האיזון בין השניים: רחמים.

המערכת הראשונה הזו, או העולם הראשון בו האורות הנאצלות התהוו לעשר ספירות, נקרא אדם קדמון. זהו החיבור בין החותם (הרשימו) לבין הקו. מהתצורה הראשונה הזאת, כל שאר העולמות של אצילות, בריאה, יצירה ועשייה באו לידי מציאות.

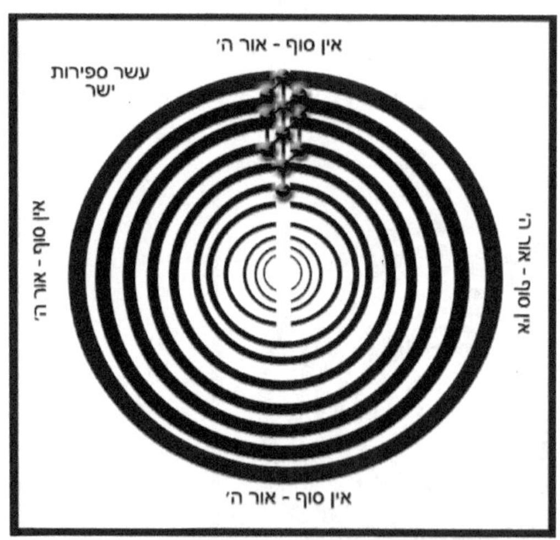

איור 4 – ספירות של יושר

פרק 2

ספירות

אור ה׳ הוא ייחודי ושווה כוח ותכונה. ספירה היא במובן מסוים סוג של "מסנן" ההופך את האור הזה לכוח או למאפיין מסויים, באמצעותו הבורא מנהיג את העולמות.

ספירה

מכתבי רמח״ל

כל ספירה היא מדה אחת מן המדות של אי״ס ב״ה, אשר ברא בם את העולמות, ומנהג אותם. שברצותו שתהיינה נודעות, עשה שכל מדה תֵּראה בסוד הארה אחת, שבראות אותה - מבינים המדה ההיא. ובראות תנועות ההארה ההיא - מבינים מה שנעשה בהנהגה במדה ההיא בזמן ההוא. אחר שידענו שהספירות הם הארות, צריך עתה להבין מה הם הארות האלה.

פעולת המאציל יתי״ש, מה שהוא פועל בסוד הספירות לפי החוק שרצה בהם, הם נתלים אלה באלה, יוצאים בהמשך אלה מאלה, ומתעלמים העניינים אלה בתוך אלה. דהיינו שכח אחד הוא הפועל בהעלם, ונראה בגלוי כח אחר פועל, והוא פועל באמת רק לפי כח הנעלם בו.
ולכן נראו כל הדמיונות האלה בספירות, דהיינו שיהיו אורות מתלבשים בתוך אורות, או יוצאים אורות מאורות. והכל בסדר ראיית הנשמה, שמבינה הדברים ההם ברוחנית, כראיית העין את הנושאים שלו.

מה שעומד במציאות בנין הספירות, פירוש - כל מה שהוא בנין כל המדרגות, הנה המחשבה העליונה שיערה לעשות אדם שיהיה לו שכל ויצר טוב, וגם שיהיה לו יצר הרע שיוכל לשלוט בו, ושיערה לתת בידו עבודה לזכות בו. או להענישו עד שיתוקן, ואחר כך לתת לו שכר נצחי. וכל הדברים האלה יש להם פרטים רבים לכל אחד. הנה צריך שנבין שהמחשבה העליונה שיערה כמה מדרגות היו צריכות לזה הדבר, ועשאם במנין מדוקדק, אין אחת יותר, ואין אחת פחות. הא למה זה דומה? למי שרוצה לעשות איזה דבר באש, אך שלא יהיה אש לוהט, הנה צריך שיתן כל כך עצים כמו שיוכל האש להתלהט אך מעט. והנה אם יתן אחד יותר - יתלהט יותר, ואם יתן אחד פחות - לא יתלהט כצורך. (רמחי״ל, קלי״ח, פתח ו, ז, ט)

אור ה׳ הוא ייחודי ושווה כוח ותכונה. ספירה היא במובן מסוים ״מסנן״ אשר שומר והופך חלק מסוים של האור הזה לכוח או לתכונה מסוימים. ספירה היא הדרך שבה המאציל מגלה כוח, מאפיין או תכונה של רצונו בבריאה. האור מתחלק לעשרה מדרגות שונות של ההאצלה המקורית שלו, כל אחד בעל תכונות, מאפיינים ופעולות משלו.

מערכת הספירות היא אחד מהאלמנטים העיקריים הנלמדים בקבלה[12]; היא מתארת במדויק ובפרטים רבים, את התגלות האור של ה׳ וכל הַאֲצָלות שלו, באמצעותן המאציל בורא ומנהיג את העולמות.

כל ספירה מורכבת מכלי[13] אשר שומר חלק מהאור. אין הבדל באור עצמו, שכן הוא חלק מהאור המקורי; ההבדל נובע מהתכונה של הספירה , או ממיקומה.

הספירות של יושר מסודרות בשלושה עמודים לינאריים: ימין, שמאל ואמצע, המייצגים את ההנהגה של העולם בדרך של חסד, דין ורחמים.

מימין[14] נמצא עמוד החסד,

משמאל נמצא עמוד הדין,

ובאמצע נמצא עמוד הרחמים, אשר יוצר את האיזון[15] בין שני העמודים האחרים.

---

[12] נקרא גם מעשה בראשית ומעשה המרכבה
[13] יש להבינו גם כאנרגיה או אור, אבל קלוש יותר
[14] הימין תמיד מציין שפע, צד שמאל דין
[15] ממתן

סידור זה של עשר ספירות הוא המושג של כל הנבראים, שכן כל מה שקיים עשוי מעשר אנרגיות[16].

ישנן עשר ספירות, שמותיהן:

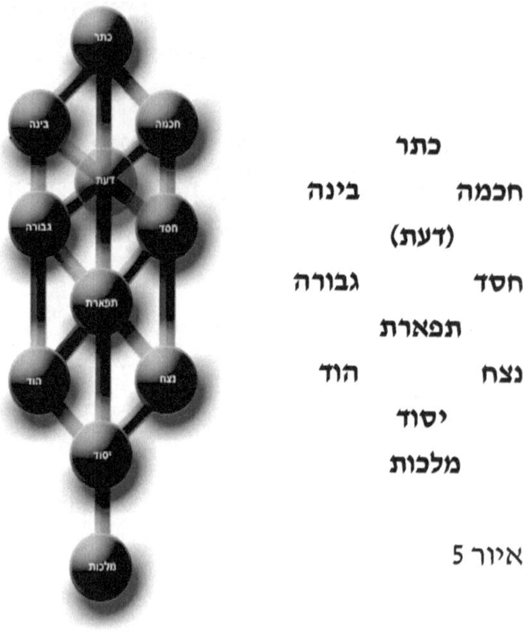

כתר

חכמה   בינה

(דעת)

חסד   גבורה

תפארת

נצח   הוד

יסוד

מלכות

איור 5

מימין: עמוד החסד שכולל הספירות חכמה, חסד ונצח.

באמצע: עמוד הרחמים שכולל הספירות כתר, תפארת, יסוד ומלכות.

בשמאל: עמוד הדין שכולל הספירות בינה, גבורה והוד.
ישנה ספירה אחת נוספת בשם דעת הנמצאת גם בעמוד הרחמים, אשר נספרת כאשר כתר איננה[17] נספרת.

---

16 כך הספירות מאורגנות על פי שלושה עמודים
17 הן אף פעם לא יותר מעשר

26

כתר

הספירה הראשונה והחשובה ביותר מכולן היא כתר. זהו חסד מוחלט לכול, אפילו לאלו שאינם ראויים. כמו כתר הנמצא על הראש, הוא אינו חלק מהגוף, אלא מייצג את ההשראה, המוענקת למי שהיא על ראשו. הספירה כתר מקיפה את כל הספירות האחרות ומייצגת את הרצון האלוהי המושלם, ביטויו והתגלותו הראשונים.

מיקומה נמצא בראש העמוד האמצעי, אשר מתאים לרחמים. ממנה נוצרים שני הפרצופים – המערכות האלוקיים החשובים ביותר: עתיק יומין ואריך אנפין.

השם המתאים לה הוא: אהי-ה.

מילוי[18] (מילוי) השם המתאים לה: ע"ב (72).

מדרגת הנשמה המתייחסת לכתר היא יחידה, המדרגה הגבוהה ביותר שלה. המדרגה המקבילה הפיזית שלה היא הראש.

חכמה

הספירה השנייה חכמה גם היא חסד לכול, אפילו ללא ראויים; אך פחות מכתר, ולא ממשיכה תמיד. כתר הוא הרצון, חכמה היא ההתגלות הראשונה של המחשבה. זוהי התודעה הראשונית בצורתה הכללית.

---

[18] אחד מארבעת האיותים השונים של ארבע האותיות של השם י-ה-ו-ה

מיקומה נמצא בחלקו העליון של העמוד הימני, אשר מתאים לחסד. ממנה, נוצרת הפרצוף אבא.

השם המתאים לה הוא י-ה, ומילוי השם המתאים לה הוא ע"ב (72).

המקבילה הפיזית הוא המוח הימני; ומדרגת הנשמה המקבילה לה היא חיה.

בינה

הספירה השלישית, בינה, היא רחמים לכל אפילו לפחות ראויים, אבל ממנה, מתחיל הדין[19]. לאחר התודעה הראשונית בחכמה, תפקיד הבינה הוא לתרגם את המחשבה הכללית הזו למצב קוגניטיבי המוכן להיכנס לפעולה.

מיקומה נמצא בחלק העליון של העמוד השמאלי, אשר מתאים לדין. ממנה נוצרת הפרצוף (הפרצוף) אימא.

השם המתאים לה הוא יֱהֹוִ"ה (אך עם הניקוד של אלוקים), ומילוי (איות) השם המתאים לה הוא ס"ג   (63). המקבילה הפיזית שלה הוא המוח השמאלי, ומדרגת הנשמה המקבילה לה היא נשמה.

דעת

הספירה הרביעית, דעת, נספרת כאשר כתר לא נספר. התכונה שלה היא ההנהגה שגורמת לאיזון בין חכמה ובינה.

---

[19] הוא על העמוד השמאלי

מיקומה נמצא במרכז העמוד האמצעי, אשר מתאים לרחמים.
השם המתאים לה הוא אהו-ה.
התפקיד שלה הוא בעיקר הוא ליצור מוחין[20] – הכוח להנהיג הפרצופים
ז״א[21] ונוקבא.

חסד

הספירה הרביעית, חסד, היא חסד מוחלט, אמנם רק למי שראוי. זו
התכונה של מתן תמידי, למי שראוי, וללא גבולות, אכפתית, התרחבות
ופנייה החוצה כדי לעזור ולמחול. עודף של חסד הופך לשלילי, שכן הוא
יכול להרשות הכל וכל דבר ללא הגבלה, ללא רצון להעניש.

מיקומה נמצא באמצע העמוד הימני, אשר מתאים לחסד. זו אחת
הספירות שיוצרת את הפרצוף ז״א.
השם המתאים לה הוא א״ל.
מילוי (איות) השם המתאים לה הוא מ״ה (45).
המקבילה הפיזית שלה הוא הזרוע הימני, ומדרגת הנשמה המקבילה לה
היא רוח.

גבורה

הספירה החמישית, גבורה[22], היא דין מוחלט למי שראוי. זוהי תכונה של
הגבלה, מגבלה וחומרה. היא מגבילה את עודף החסד של ספירת חסד,

---

[20] ראה פרק 5 - פרצופים
[21] זעיר אנפין, ראה פרק פרצופים
[22] דין

אבל היא עדיין מושפעת על ידה, היות שדין מוחלט יהיה הרס של כל דבר שאינו מושלם.

מיקומה נמצא באמצע העמוד השמאלי, אשר מתאים לדין. זו אחת הספירות אשר יוצרות את הפרצוף ז״א.

השם המתאים לה הוא אלהי-ם[23].

מילוי (איות) השם המתאים לה הוא מ״ה (45).

המקבילה הפיזית שלה היא הזרוע השמאלית, ומדרגת הנשמה המקבילה לה היא רוח.

תפארת

הספירה השישית, תפארת, היא חסד ודין היוצרים את האיזון בין הספירות חסד וגבורה, בין חסד ודין מוחלטים. היא מיוצגת בחזה בגוף, אשר מחזיק ומקיים את כל שאר האיברים במקומם.

מיקומה נמצא באמצע העמוד האמצעי, אשר מתאים לרחמים. זו אחת הספירות היוצרות את הפרצוף ז״א.

השם המתאים לה הוא י-ה-ו-ה.

---

[23] שם זה של ה׳ גם מציין דין

מילוי (איות) השם המתאים לה הוא שם מ״ה (45). המקבילה הפיזית שלה היא בית החזה, ומדרגת הנשמה המקבילה לה היא רוח.

נצח

הספירה השביעית, נצח, היא חסד מועט, לאלו הראויים לכך. היא מקבלת מספירת תפארת את המציאות הממותנת החדשה בין ספירות חסד וגבורה, אך נמשכת לצד החסד, מכיוון שנצח נמצאת על העמוד הימני של הנדיבות.

מיקומה נמצא בתחתית העמוד הימני, אשר מתאים לחסד. זו אחת הספירות היוצרות את הפרצוף ז״א. השם המתאים לה הוא יהו-ה צבאות. מילוי (איות) השם המתאים לה הוא מ״ה (45). המקבילה הפיזית שלה היא הרגל הימנית, ומדרגת הנשמה המקבילה לה היא רוח.

הוד

הספירה השמינית, הוד, היא דין מועט לאלו הראויים לכך. גם היא מקבלת מספירת תפארת את המציאות הממותנת החדשה בין ספירות חסד וגבורה, אך נמשכת לצד הדין, מכיוון שהוד נמצא בעמוד השמאלי של דין.

מיקומה נמצא בתחתית העמוד השמאלי אשר מתאים לדין. זו אחת הספירות היוצרות את הפרצוף ז״א.

השם המתאים לה הוא אלהי-ם-צבאות.

מילוי (איות) השם המתאים לה הוא מ״ה (45).

המקבילה הפיזית שלה היא הרגל השמאלית, ומדרגת הנשמה המקבילה לה היא רוח.

יסוד

הספירה התשיעית, יסוד, יוצרת את האיזון בין ספירות נצח והוד עבור ההנהגה, והיא הקישור או הקשר בין כל הספירות העליונות וספירת מלכות. זוהי נקודת ההתכנסות וחיבור בין העולמות העליונים לבין הספירה האחרונה מלכות, אשר תשקף את זרימת האנרגיות לאדם ולבריאה.

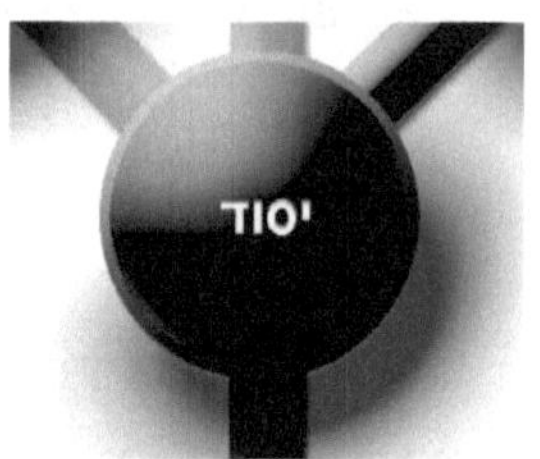

מיקומה נמצא לפני הספירה האחרונה, בתחתית העמוד האמצעי אשר מתאים לרחמים. זו אחת הספירות היוצרות את הפרצוף ז״א.

השם המתאים לה הוא שד-י.

מילוי (איות) השם המתאים לה הוא מ״ה (45).

המקבילה הפיזית הוא האיבר הזכרי, ומדרגת הנשמה המקבילה לה היא רוח.

מלכות

הספירה העשירית, מלכות, מפענחת את כל ההתאצלות העליונות דרך ספירה יסוד, להאצלה אחת המשתקפת לבריאה. היא הקישור או הקשר בין כל הספירות העליונות לאדם. קשר זה הוא דו-כיווני, שכן כל מה שמתוקשר מלמטה לספירות הגבוהות יותר, יעבור תחילה במלכות, וממנה לספירות שמעליה.

מיקומה נמצא בתחתית העמוד האמצעי אשר מתאים לרחמים. היא יוצרת את הפרצוף נוקבא ומתחלקת לשני פרצופים – רחל ולאה. השם המתאים לה הוא אדנ-י.

מילוי השם המתאים לה הוא ב"ן (52). המקבילה הפיזית שלה היא העטרה על האיבר הזכרי, ומדרגת הנשמה המקבילה לה היא נפש.

פרטים בספירות

כל אחת מעשר הספירות מכילות עשר ספירות נוספות, שגם מכילות עשר, ואז שוב עשר, וכך הלאה.

לדוגמא :

יש חסד של גבורה, או

הוד של חסד של גבורה, או

יסוד של הוד של חסד של גבורה, וכו'.

עבור סוגים מסוימים של פעולות, הספירות נחלקות לקבוצות מהן נוצרות שלוש שלישיות :

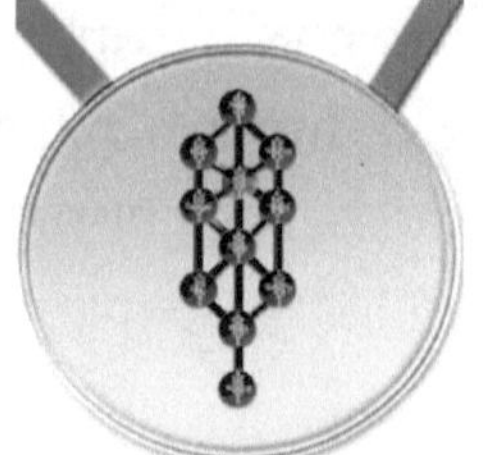

חב״ד - חכמה, בינה ודעת
חג״ת - חסד, גבורה ותפארת
נה״י - נצח, הוד ויסוד

השלישייה הראשונה של הספירות, חב״ד – חכמה, בינה ודעת, פועלת יחד כרמה הגבוהה ביותר של כוח ההנהגה – מוחין לפרצוף הפחות יותר, והן נקראות מוחין דגדלות. הן בדרך כלל באות לאחר החג״ת והנה״י.

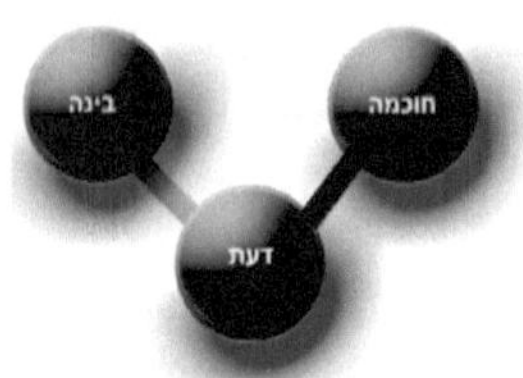

השלישייה השנייה של הספירות, חג״ת – חסד, גבורה ותפארת, פועלת יחד כרמה השנייה של כוח ההנהגה – מוחין לפרצוף פחות יותר. הן בדרך כלל באות לאחר נה״י ולפני חב״ד.

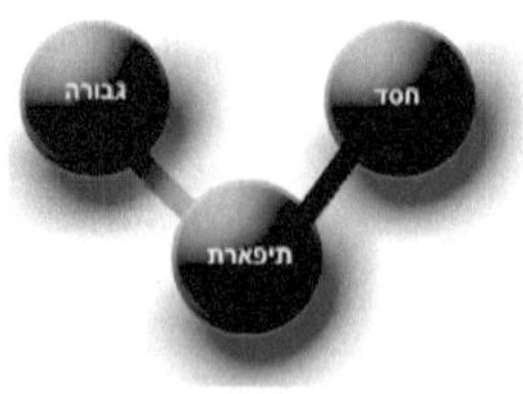

השלישייה השלישית של הספירות, נה"י – נצח, הוד ויסוד, בעיקר פועלות יחד ככוח ההנהגה – מוחין ברמה השלישית או מוחין פנימיים לפרצוף הפחות יותר. הן באות ונכנסות לפני כל האחרות, כלומר לפני חג"ת וחב"ד.

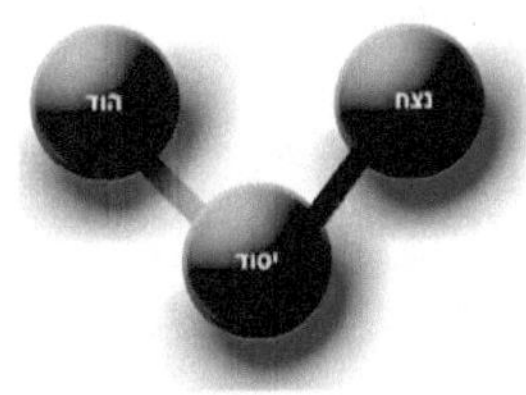

ישנן גם תצורות (מערכות) של ספירה אחת או יותר, הפועלות בתיאום אחד, הנקראות פרצופים.

פרק 3

אדם קדמון

המערכת הראשונה, או העולם הראשון שבו האורות הנאצלים התהוו לעשר ספירות, נקרא אדם קדמון.

אדם קדמון

״הסדר הראשון שקבל האור הנאצל לעמוד בסוד עשר ספירות בבחינת סדר דמות אדם - הוא נקרא אדם קדמון. והוא הסדר של שם הוי״ה ב״ה לעולם ולעולמי עולמים. וזה ענין - שכל הסדרים והחוקים כולם נמשכים ובאים תחת סדר ארבעה אותיות אלה. ולפי הסדר הזה הכל נדרש תמיד בסוד ארבעה אותיות השם ב״ה.
רמח״יל - קל״ח פתחי חכמה, פתח לא, לג

התצורה [המערכת האלוקית] הראשונה[24] היא העולם הראשון שבו האורות המואצלים התהוו לעשר ספירות ישרות. הסידור הליניארי של שלושת העמודים – ימין, שמאל ואמצע - מייצג את ההנהגה של העולם לפי הסדר של חסד, דין ורחמים. האצלה ראשונה זו היא השורש של כל ההאצלות העתידיות.
אדם קדמון (א״ק) הנמצא בסמיכות כה קרובה לאין סוף.

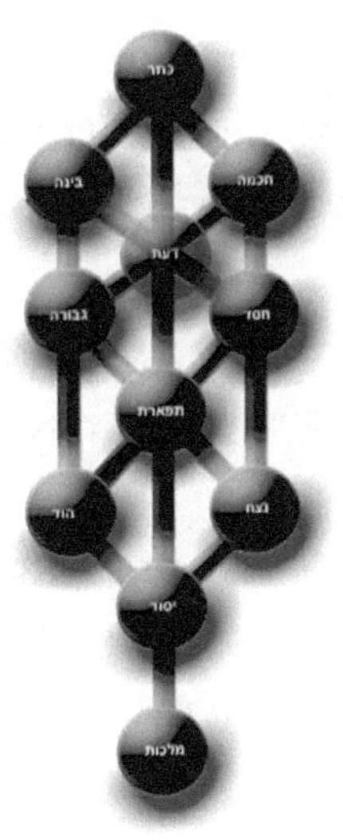

---

[24] שנעשתה על ידי הקו ורשימו

ארבעת הענפים האלה נקראים בלשון מטפורית: ראייה, שמיעה, ריח ודיבור. הם מתגלים בחוץ דרך העיניים, האוזניים, האף והפה שלו. בשפת הקבלה, אנחנו משתמשים בשמות של חלקי גוף אך ורק כדי להמחיש את הכוחות האזוטריים של הכוחות האלה. כמובן, שאין מציאות פיזית במדרגות אלה. כאשר אנו אומרים אוזניים, פה או כל ביטוי פיזי אחר, המטרה היא לתאר את החוש הפנימי, או את המיקום שהם מייצגים.

כדי לזהות[25] את האורות היצירתיים או ההאצלות האלה אשר יצאו מאדם קדמון, מתארת אותם הקבלה באמצעות השם העיקרי של ה' י-ה-ו-ה, והאותיות השונות הנוספות כדי ליצור את המילויים השונים שלו.

איות - מילויים

הכוחות היצירתיים או האנרגיות האלה הם הכוחות השונים המושקעים בארבע האותיות של שם ה' – י-ה-ו-ה, והאיותים השונים של כל אות. מכיוון שלכל אות בעברית יש לה גם ערך מספרי שונה עם דרכי האיות השונות שלה. זאת אומרת שערך השם משתנה (72, 63, 45 או 52) ולכל אחד מהשמות הללו יש כעת זהות ופעולה שונה, לפי האותיות שבהן משתמשים. כל אחת מהאפשרויות הללו שונה בטבעה ובפעולתה[26].

האותיות המתווספות עבור המילוי השונה של האותיות הן: י' ה' ו' א' ד'[27]. המילויים השונים של האותיות הם כדלקמן:

- האות 'י' ניתן לאיית רק בדרך אחת
- האות 'ה' ניתן לאיית עם 'י', 'א' או 'ה' – הי –הא - הה
- האות 'ו', ניתן לאיית עם יו, או עם או, או עם ו, ויו –ואו - וו

---

[25] כל הנבראים מגיעים מהההאצלות של הכוח של השם י-ה-ו-ה

[26] ובהאצלות הנפרדות

[27] אותיות אלה נוספות לארבע האותיות י-ה-ו-ה כדי ליצור את האיות

ארבעת המילויים (איותים) הם : עייב, סייג, מייה, ביין

	ה	ו	ה	י		
עייב	הי	ויו	הי	יוד	=	72
	15	22	15	20		
סייג	הי	ואו	הי	יוד	=	63
	15	13	15	20		
מייה	הא	ואו	הא	יוד	=	45
	6	13	6	20		
ביין	הה	וו	הה	יוד	=	52
	10	12	10	20		

ניתן לחלק כל שם לתתי חלוקות :

עייב של עייב, סייג של עייב, מייה של עייב...
ביין של ביין של סייג , סייג של מייה של עייב, וכו

עייב	סייג	מייה	ביין
עייב	עייב	עייב	עייב
סייג	סייג	סייג	סייג
מייה	מייה	מייה	מייה
ביין	ביין	ביין	ביין

השם ע״ב הוא המדרגה הגבוהה ביותר של ארבעת השמות. המילוי שלו עם האות י לסך של 72.

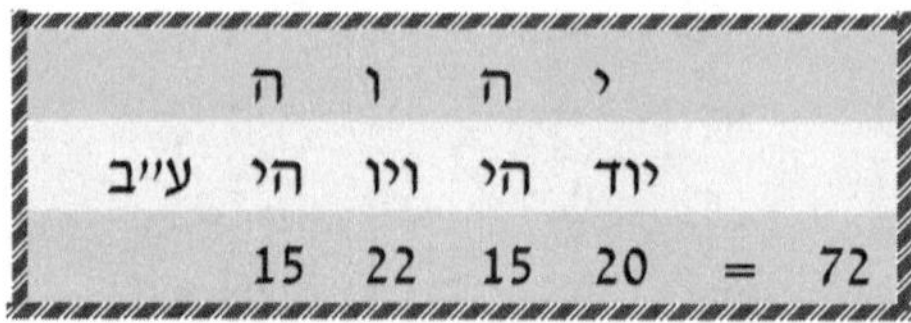

ה	ו	ה	י		
עי״ב	הי	ויו	הי	יוד	
15	22	15	20	=	72

השם ס״ג הוא המדרגה השנייה של ארבעת השמות. המילוי שלו הוא עם האות י ו האות א לסך של 63.

ה	ו	ה	י		
ס״ג	הי	ואו	הי	יוד	
15	13	15	20	=	63

השם מ״ה (45) הוא המדרגה השלישית של ארבעת השמות. המילוי שלו הוא עם האות א לסך של 45.

ה	ו	ה	י		
מי״ה	הא	ואו	הא	יוד	
6	13	6	20	=	45

השם ב״ן (52) הוא המדרגה הרביעית של ארבעת השמות. המילוי שלו הוא עם האות ו לסך של 52.

ה	ו	ה	י		
ב״ן	הה	וו	הה	יוד	
10	12	10	20	=	52

כל ההאצלות והספירות אשר יצאו מאדם קדמון דרך הפתחים[28] של פניו היו מההיבטים השונים של ארבעת השמות האלה.

יש להם פעולות ותיקונים שונים, וכל הפרצופים (תצורות) ייבנו על ידי חיבורם.

מהאוזניים, האף והפה יוצאות ספירות – אורות מההיבט של השם ס״ג (63).

מהעיניים, נובעות ספירות – אורות מההיבט של השם ב״ן (52). האורות הנקביים האלה גרמו לשבירת הכלים.

מהמצח, ספירות – אורות מההיבט של השם מ״ה (45) יצאו; האורות הזכריים הללו יעשו את התיקון של הספירות השבורות, ויחד עם ב״ן (52) יעשו את כל הפרצופים להנהגת העולמות.

ההאצלות האלה גרמו למצבים מסוימים של קיום, או לעולמות. ההאצלות שיצאו מהפה יצרו עולם הנקרא ״עולם העקודים״ – עולם הקשורים. ההאצלות שיצאו מהעיניים יצרו עולם בשם ״עולם הנקודים״ – עולם הנקודות. ההאצלות מהמצח יצרו עולם בשם ״עולם הברודים״ – עולם התיקון.

מהההאצלות הללו, יתגלו ארבעת העולמות האחרים של אצילות, בריאה, יצירה ועשייה.

עולם העקודים

בעולם העקודים, כאשר הספירות יצאו בפעם הראשונה מפיו של אדם קדמון, לא היה להן כלי אינדיבידואלי, אלא כלי כללי אחד עבור כולן.

---

[28] ההאצלות האלה יצאו החוצה מתוך אדם קדמון

שבע הספירות התחתונות היו בשורה אחת : אחת מתחת לשנייה בקו ישר ולא בסידור של שלושה עמודים. לכן, הן לא היו מוכנות להנהגה של חסד, דין ורחמים.

איור 7

סוג זה של מבנה לא יכול היה להישאר, החלק הדק ביותר של האורות חזר למקורם בפה, אך לא באופן מלא, כל אחד מהם השאיר את עקבותיו. החלקים של האור אשר נותרו מחוץ לפה התעבו, אך עדיין הוארו על ידי החלקים שלהם שעלו. אלה שנותרו והעקבות של אלה שעלו, פגעו זה בזה והוציאו ניצוצות אשר יצרו את המקבלים לעוד אורות חלשים שיחזרו בפעם השנייה, כך שהספירות יהיו שלמות ; אור וכלי לכל אחת. מצב הזה נחשב לביטול, אמנם לא כמו הביטול (השבירה) של עולם הנקודים.

עולם הנקודים

לאחר ההאצלות מפיו של אדם קדמון, עשר ספירות יצאו דרך עיניו[29] ; הן היו מהבחינה של השם הנקבי של ב״ן (52). העולם הזה נקרא עולם הנקודים מפני שלספירות אלה היה לכל אחד כלי משלו, אך הכלים היו נפרדים, ללא קישור או קשר בין אחד לשני. לכן, מאחר שהם לא היו מסוגלים לשמור את זרם האורות שלהם, שבעת הכלים התחתונים נשברו והופרדו מהאורות שלהם.

---

[29] לא היה עוד פתח פתוח זמין על הפנים

הם מתאימים להיבט הנקבי – דין, והם שורשי ההתדרדרות והרע. כאשר הן יצאו, שלוש הספירות הראשונות – כתר, חכמה ובינה, לקחו כוח מהאורות של האוזניים, האף והפה של אדם קדמון[30] והצליחו לעמוד לפי השלושה עמודים. אולם, שבע הספירות התחתונות, אשר לקחו רק מהאורות של הפה, לא יכלו לעמוד בסדר הזה ונשברו. זה נקרא שבירת הכלים[31]; סידור לא מושלם זה הוא המקור הראשון של הסטרא אחרא או הרע[32].

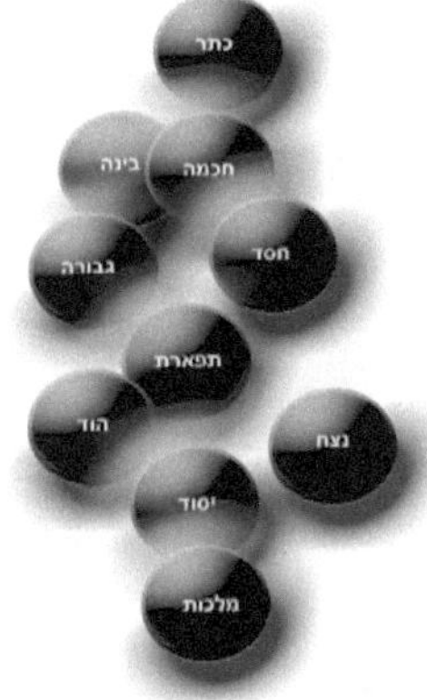

איור 8

עולם הברודים

הוא גם נקרא "עולם התיקון"[33]. התיקון נעשה על ידי חיבור הספירות של ב"ן (52) (דין) שיצאו מהעניינים עם הספירות של מ"ה (45) (רחמים) אשר יצאו מהממצח של אדם קדמון. באמצעות חיבור זה, הב"ן (52) הנקבי תוקן על ידי המ"ה (45) הזכרי וביחד יצרו את הפרצופים (תצורות) של עולם האצילות. עם סידור חדש[34] זה, הספירות היו מסוגלת לעמוד במבנה שלושת העמודים של חסד, דין ורחמים.

תיקון זה של סידור הספירות לפי שלושת עמודים יאפשר את תחילת הבניין של הפרצופים הראשונים.

---

[30] כאשר ירדו למטה, האורות האלה עברו דרך אורות קודמים גבוהים יותר
[31] ראה פרק 4 – שבירת הכלים
[32] כוח שלילי נגדי
[33] לא לחלוטין מתוקן, אבל מספיק לאפשרות של קיום
[34] כל הספירות עשויות משני ההיבטים הללו

פרק 4

שבירת הכלים

שבע הספירות התחתונות של השם ב״ן לא היו בסידור שלושת העמודים שנדרש להנהגה של חסד, דין ורחמים. לכן הן לא יכלו לקבל ולשמור את האורות שלהן ונשברו. אילו הכילו את האורות שלהן, היה העולם במצב מושלם מלכתחילה.

שבירת הכלים

"שורש מציאות קלקול ותיקון הוא ענין שבירת הכלים ותיקונם. כי אם לא היה קלקול בהם - לא היה קלקול בעולם, ואם תיקונם היה נשלם לגמרי - היה סוף הכל. אך בהיות שהיה הקלקול בא, ואחר כך התיקון, ולא גמור, אלא בשיעור שהיה נותן שורש לקלקול ותיקון לסבב בעולם. וסוף הכל יהיה תיקון שלם, שלא יהיה אחריו עוד קלקול כלל."

"מן שנשברו הכלים - ניטל מהם כח ההנהגה. וגם לא היו עומדים בסוד צורה שלמה, אלא מיני כח בלתי שלמים ובלתי ראוים לפעול פעולה. ומקורם היה מקיימם כך, עד בא הארה חדשה שתשלימם, ותתן להם צורה ופעולה."

רמח"ל - קל"ח פתחי חכמה, פתח לז, נד

בבריאה, כל הכוחות היצירתיים[35] הושקעו בדמות אדם קדמון. הם יצאו בהאצלות שונות מהפתחים בפניו לשם בניית העולמות.

עשר הספירות אשר יצאו מתוך עיניו היו מההיבט של השם של ב"ן (52) ; הן תואמות להיבט הנקבי – דין, והן השורש של ההתדרדרות. כאשר הן יצאו, הכלים של שלוש הספירות הראשונות : כתר, חכמה ובינה קיבלו והכילו את אורותיהן, מפני שהן היו בסידור שלושת העמודים.

שבעת הכלים התחתונים של הספירות לא היו בסידור שלושת העמודים הנדרש לכיוון של חסד, דין ורחמים. האורות ניסו להיכנס לכליהם המתאימים, אך כוחם היה עצום, ומאחר שלא הצליחו לשמור את אורותיהם, הכלים נשברו.

---

[35] אנרגיות בארבע האותיות של השם י-ה-ו-ה והשמות המורכבים שלהם

האורות נשארו בעולם האצילות, הכלים נפלו לעולמות הנמוכים יותר, זה גרם לנזק גדול הנקרא שבירת הכלים. כלים של שבע הספירות, אשר לא הכילו את אורותיהם, נפלו לעולם הבריאה. סידור לא מושלם זה הוא המקור הראשון של הרע ושל הסטרא אחרא (הצד השלילי).

שלוש הספירות הראשונות כתר, חכמה ובינה לא הכילו לחלוטין את אורותיהן בכליהם הנמוכים יותר; הן נפלו נמוך יותר[36], אך לא נשברו. חלקים נמוכים אלה מתאימים למה שנדרש להנהגת שבע הספירות התחתונות, אם הן היו מכילות לחלוטין את אורותיהן, שבע הספירות לא היו נשברות, והמושגים של קלקול (נזק) ותיקון לא היו קיימים[37].

שורשי כל הנבראים נמצאים בשבע הספירות התחתונות (ז״ת); שלוש הספירות הראשונות הן כמו כתר על שבע הספירות האחרות כדי לתקן ולהנהיג אותן.

חשוב להבין שכל מה שקורה בעולמנו דומה למה שהתרחש בנפילה הזו. אם הכלים היו מכילים את אורותיהם, שבע הספירות התחתונות לא היו נשברות והעולם היה במצב מושלם מלכתחילה.

את ההפרדה בין ג״ר (שלוש הספירות הראשונות), הנחשבות לראש - כוחות המנהיגים, וז״ת (שבע הספירות התחתונות) – הגוף, ניתן להשוות למותו של אדם, כאשר נשמתו יוצאת ועולה, בעוד גופו יורד אל האדמה והוא כבר איננו חי. האור אשר נותן חיים לכלי ניתן להשוואה לנשמה ששומרת על הגוף בחיים.

---

[36] באצילות
[37] העולמות היו במצב מושלם בהתחלה

רפ"ח ניצוצות

"מן שנשברו הכלים - ניטל מהם כח ההנהגה. וגם לא היו עומדים בסוד צורה שלמה, אלא מיני כח בלתי שלמים ובלתי ראוים לפעול פעולה. ומקורם היה מקיימם כך, עד בא הארה חדשה שתשלימם, ותתן להם צורה ופעולה.

עיקר המרכבה הוא אלה הע"יב, שהוא התחזק ד' הפרצופים בא"יא, שהוא נשגב מן הקלקולים. וכאן הכסא נושא את נושאיו. על כן מכאן הוצרך לרדת רפ"ח ניצוצין, להחזיק ולקיים הכלים היורדים, שלא יעשה חרב"ן גמור, אלא בדרך שיחזור ליתקן. וכן הושרשו עניני העולם הזה שיעמוד כך כח אחד, שלא לעזוב העולם ליחרב ח"ו. אלא בכח הזה הנשאר - יתוקן מה שנתקלקל".

רמח"יל - קל"יח פתחי חכמה, פתח נד, נז

כדי לקיים את הכלים לאחר שנשברו, ירדו רפ"ח (288)[38] ניצוצות[39] של האורות, כי היה צורך בחיבור לאורותיהם המקוריים כדי לשמור עליהם בחיים. חלק מאותם ניצוצות התחברו מחדש עם אורותיהם הגבוהים יותר, ועזרו לכלים לעלות וגם להתחבר עם אורותיהם, בעוד אחרים נפלו אף נמוך יותר לתוך העולמות האחרים.

התיקון – הוא להעלות את כל שאר הניצוצות למקורם ולהחזיר את הבריאה למצבה המקורי. לכן, מטרת כל העבודה – המעשים, המצוות והתפילות של האנשים בעולם הזה היא לסייע ולהשתתף בעלייתם של שאר 288 הניצוצות שנפלו אל למקורם. ניתן לבצע זאת בדרכים שונות, אבל בעיקר על ידי ביצוע המצוות ועל ידי התפילות.

לאחר שבירת הכלים וההפרדה מאורותיהם, היה נחוץ להנהגת העולם שהתיקון יתבצע. מהמצח של אדם קדמון יצאו עשר ספירות מההיבט של

---

[38] 288 ניצוצות עיקריים אשר מתחלקים לחלוקות משנה מספר פעמים
[39] החלקים של האנרגיות

השם מ״ה (45), המתאימות להיבט הזכרי - תיקון. זאת בניגוד לספירות של ב״ן (52), אשר מתאימות להיבט הנקבי – דין, והן שורש ההתדרדרות.

התיקון נעשה על-ידי חיבור הספירות של מ״ה (45) (רחמים) וב״ן (52) (דין) בסידורים מורכבים, באופן שיאפשר לב״ן (52) הנקבי להיות מתוקן על ידי המ״ה (45) הזכרי, ועל מנת שהספירות יעמדו בסידור שלושת העמודים של חסד, דין ורחמים. כשהסדר הנכון של הספירות הושלם, תצורות שונות הנקראות פרצופים השלימו את הבריאה.

עם ההאצלה של האורות של מ״ה (45), הוא יכול היה לעשות את התיקון של כל העולמות לאחר שבירת הכלים, אבל אז, לא הייתה סיבה להשתתפות האדם בתיקון הזה. כדי לתת לאדם אפשרות לפעול ולתקן את הבריאה, הקב״ה צמצם באופן מסוים את זרם החסד שלו לעולם הזה. בהשלמת תיקון זה של החיבור בין הניצוצות הנופלים לבין הכלים[40] שלהם, יהיה זה זמן של הגעתו של המשיח ותחיית המתים.

---

[40] המקבלים של הספירות

פרק 5

פרצופים

פרצוף הוא מבנה חדש של ספירה אחת או יותר הפועלות בתיאום. הנהגת העולם תלויה במיקומים השונים והאינטראקציות של הפרצופים – הזכריים והנקביים, שכן יש להם השפעה ישירה על המידה והאיזון של הגורמים של חסד, דין ורחמים.

פרצופים - מערכות אלוקיות

"יש ספירה ויש פרצוף. ספירה הוא כח מן העשר כחות בכלל, שהוא המוסד שעליו נבנה כל בנין הפרטיות התלוי בו. אך פרצוף הוא שלמות כל הכח ההוא בפרט, נראה מפורש בסוד דמות אדם. ועיקרו בסוד התרי"ג, שהוא כל בנין האדם"

"הספירות הם מה שיצא מסוד המקום שנעשה בזמן הצמצום. כל ספירה - חלק מן הרשימו. ולפנים מזה יש פנימיות הנמצא מצד קו האין סוף ב"ה שנכנס בתוכו. והקו מאיר בתוך הפנימיות בסוד נשמה לנשמות. ומצד זה הוא שוה בכל המדרגות לגמרי. אך הנשמה שהיא הלבוש שלו - זאת נעשית לכל פרצוף לפי מה שראוי לו. ובה נבחנים הפרצופים זה מזה, שאין השינוי בקו, אלא בלבוש שלו שהיא הנשמה."
(רמח"ל - קל"ח פתחי חכמה, פתח יז, כט)

אור ה' הוא בעל ייחודיות מושלמת, ללא כל משתנים או שוני. ברגע שהאנרגיה הזאת נכנסת לספירה[41] מסוימת, התוצאה או האפקט שלה הופכים לכוח או לתכונה מסוימים שבאמצעותם הבורא מדריך את העולמות. פרצוף הוא תצורה של ספירה[42] אחת או יותר הפועלות בתיאום. הפירוש של פרצוף בארמית הוא פנים או ארשת פנים. פנים מורכבים מאלמנטים רבים ומגוונים כמו עיניים, אף, מצח וכן הלאה, אך כולם מתואמים כיחידה אחת בודדת. הפנים הן גם ייחודיות[43], הן מראות את הזהות הייחודית של האדם והן כלי הרכב העיקרי של התקשורת.

חלק מהפרצופים, הם זכריים ומעניקים חסד, בעוד אחרים הם נקביים ומעניקים דין. הזכריים מתאימים לחסד ומההיבט של השם מ"ה (45). הנקביים מתאימים לדין ולגבורה ומההיבט של השם ב"ן (52). על ידי

---

[41] ההמרה נגרמת על ידי הספירה, האנרגיה היא ייחודית ולא משתנה
[42] סידור של אחת או יתר ספירות בתוך עשר הספירות
[43] לכל פרצוף או תצורה יש זהות ותפקיד ייחודי משלו

יחודם[44], איזונים שונים של שני כוחות אלה (חסד ודין) יוצרים את ההנהגה. דין מוחלט יהיה הרס של כל דבר שאינו מושלם, בעוד חסד מוחלט יאפשר הכל ללא הגבלות. עם זאת, שני היבטים אלה נחוצים להנהגה של משפט, ובכדי לתת לאדם את האפשרות של בחירה חופשית. הפרצופים נמצאים במצב מתמיד של פעולה, הארות וקשרי גומלין ביניהם. הדינמיות הזאת של החלפת והשפעת האנרגיות נקראת תיקונים[45] של הפרצופים. תוצאת תיקונים אלה הן ההארות השונות בעלות העוצמות השונות, כתלות בזמן ובפעולות האדם. הם מתרגמים את הרצון העליון להשפעות ואפקטים מסויימים, עבור הנהגת העולמות.

בניית פרצוף מושגת באופן של זיווג (יחוד) של שני פרצופים, זכריים ונקביים גבוהים יותר, ולאחריו תקופה הנקראת הריון בתוך הפרצוף הנקבי העליון, ולידה, כאשר הוא מתגלה. לאחר מכן קיימת יניקה, שבה הוא יונק אנרגיות מהפרצופים הגבוהים יותר, ולבסוף הגדלות כשהוא עצמאי לחלוטין[46].

יש חמישה פרצופים עיקריים[47]:

- אריך אנפין - (פנים ארוכות)
- אבא
- אמא
- זעיר אנפין - (פנים קטנות)
- נוקבא - נקבי

ופרצוף אחד מעליהם: עתיק יומין (לבוש בתוך אריך אנפין).

---

[44] ראה זיווג - יחוד
[45] פעולות או תוצאות
[46] האדם נוצר בדמות האנרגיות העילאיות
[47] גם תצורות משניות

מחמש ה עיקריות האלה נובעות שבע נוספות.
כולן מואצלות מעשר הספירות כדלקמן:

מכתר :

- **עתיק יומין ונוקבא** שלו
- **אריך אנפין ונוקבא** שלו

מחכמה :

- **אבא**
- ממלכות של אבא – **ישראל סבא**
- ממלכות של ישראל סבא – **ישראל סבא 2**

מבינה :

- **אמא**
- ממלכות של אמא – **תבונה**
- ממלכות של תבונה – **תבונה 2**

ישראל סבא ותבונה גם נקראים על פי ראשי התיבות שלהם : יסו"ת או
יסו"ת 2.

מחסד, גבורה, תפארת, נצח, הוד ויסוד :

- **זעיר אנפין** הנקרא גם ישראל

מזעיר אנפין - **יעקב**

ממלכות :

נוקבא – מחולקת לשני פרצופים – **רחל ולאה**

פרצוף עתיק יומין

פרצוף עתיק יומין היא נעלה לכל הפרצופים. יש לו עשר ספירות. ההיבט שלו של השם של מ"ה (45) מתאים לעקרון הזכרי; ההיבט שלו של השם של ב"ן (52) מתאים לנקבי. הוא נקרא "עתיק ונוקבא שלו". הנוקבא - הנקבי שלו קשורה אליו, גבה אל גבו. לכן עתיק הוא כולו פנים, פונה אל הגב תצורתו הנקבית, פונה אל החזית תצורתו הזכרית. כל אחד מההיבטים הללו – זכרי ונקבי - מורכב מעשר ספירות.

ההיבט הזכרי של עתיק אינו לבוש בתוך העולם הראשון של אצילות. שלוש הספירות הראשונות מהעשר מההיבט נוקבא - נקבי שלו, הן מעל אצילות ויוצרות ביחד את הרדל"א - רישה דלא אתידעי"א[48] (הראש הלא ידוע)

שבע הספירות הנקביות הנמוכות יותר שלו מתחברות לעולם שמתחת ולובשות בפנים את תצורת אריך אנפין באופן הבא: חסד של עתיק בכתר של אריך, גבורה בחכמה, תפארת בבינה. שלוש ספירות נה"י (נצח, הוד, יסוד) מתחלקות לשלושה חלקים: החלק הראשון של נה"י בחסד, גבורה ותפארת, החלק השני בנצח, הוד ויסוד, החלק השלישי של נ"ה (נצח, הוד) ומלכות של עתיק במלכות של אריך אנפין.

הספירה התחתונה יותר של עולם יוצרת את החיבור עם העולם מתחתיו והופכת לפרצוף עתיק[49] שלו. באצילות, זאת המלכות של אדם קדמון אשר הופכת לפרצוף עתיק. אותו הדבר מתרחש בשלושת העולמות האחרים של בריאה, יצירה ועשייה, המלכות של העולם מעל הופכת לפרצוף עתיק של העולם שמתחת.

---

[48] התוצאות של הפעולות שלו הן הן מעבר להבנתנו
[49] קיימת המשכיות של חיבור ותקשורת בכל העולמות

פרצוף אריך אנפין

אריך אנפין היא הפרצוף העיקרית בכל עולם; כל הפרצופים האחרים הן "ענפים" שלו. הוא והנקביות שלו יוצרים תצורה אחת בשם "אריך אנפין ונוקבא שלו". הזכריות שלו היא צדו הימיני, והנקביות שלו, צדו השמאלי. אריך אנפין הוא הפרצוף הראשונה באצילות והשורש של כל האחרות.

אריך אנפין שונה משאר הפרצופים, שלוש הספירות הראשונות שלו, כתר-חכמה-בינה, אינן נמצאות בסידור שלושת העמודים; ספירת הבינה שלו נמצאת תחת כתר וחכמה, הנמצאות בקו ישר.

אריך אנפין מגיע מחלקו העליון עד תחתיתו של עולם האצילות. אבא ואמא מלבישים את זרועותיו הימנית והשמאלית (ספירות חסד וגבורה שלו); הכתר שלהם מגיע לספירת בינה שלו, והמלכות שלהם לספירת תפארת שלו.

לאריך אנפין שלושה ראשים המהווים את שורשי ההנהגה של חסד, דין ורחמים. הראשון הוא כתר, השני הוא בחלל שבין הכתר שלו וחכמה, השלישי הוא החכמה שלו. השמות שלהם הם:

1 – גולגלתא – הכתר שלו

2– אוירא – החלל שבין הכתר שלו והחכמה

3 – מוחא סתימאה – החכמה שלו

שלושת הראשים הללו מאצילים מאריך אנפין לפרצופי אבא ואמא, ומשם, לפרצוף ז"א[50]. ההאצלות והפעולות של פרצוף אריך אנפין נקראות התיקונים שלו.

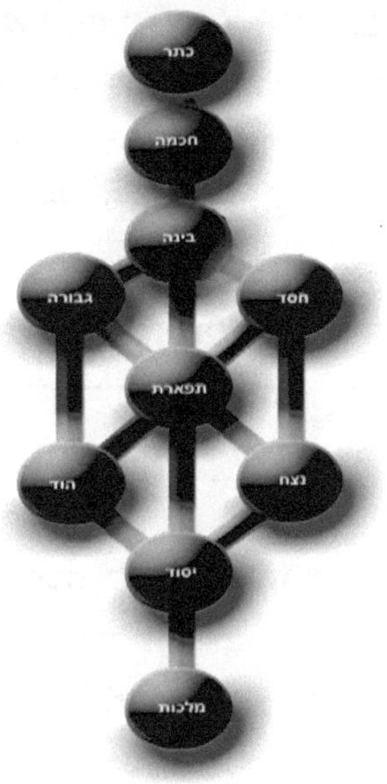

איור 9

תיקונים אחרים – האצלות של אנרגיות ופעולות - יוצאות מהפנים של ספירה חכמה של אריך אנפין ומתפשטות כלפי מטה; הן נקראות באופן אלגורי השיער או הזקן שלו. הן מתחלקות לשלוש עשרה ונקראות "שלושה עשר התיקונים של דיקנא – זקנו של אריך אנפין". ההאצלות האלה נקראות שיער וזקן מפני שהן מתפשטות בצינורות נפרדים. התיקונים האחרים, האצלות של אורות מאריך אנפין, הן להגשמה ולשפע. אולם, ההנהגה עצמה היא מדיקנא, אורות הזקן, ודרכו השפע זורם.

פרצופים אבא ואמא

שני הפרצופים האלה חיוניים להנהגת העולמות; הם הקישור בין תצורת אריך אנפין, שהיא הפרצוף הגבוהה ביותר, ותצורת זעיר אנפין אשר מתקשרת את ההאצלות האלה אל העולמות על ידי זיווג שלו עם הפרצוף נוקבא. אבא הוא הספירה חכמה, ואמא היא הספירה בינה.

הם נאצלו מהזיווג (חיבור) של פרצוף אריך אנפין עם הנוקבא שלו. אבא הוא ההיבט הזכרי ואמא היא ההיבט הנקבי. הם מושפעים ונבנים על ידי האורות של פרצוף אריך והם ברמה של זרועותיו – ספירות חסד וגבורה. אבא נמצא מימין – ספירה חסד, ואמא משמאל – ספירה גבורה.

כדי לתקשר את ההאצלות שלהם, אבא ואמא מתאחדים כדי להאציל את השפעתם. יש לאבא ואמא שני סוגים של זיווג (חיבורים): הזיווג הקבוע אשר נקרא "חיצוני" והוא עבור קיום העולמות[51], בעוד השני נקרא "פנימי" והוא עבור חידוש המוחין – כוח מנהיג של זו״ן (זעיר אנפין ונוקבא).

הספירה מלכות של אבא הופכת לפרצוף אחרת הנקראת ישראל סבא. באופן דומה, מלכות של אמא הופכת לפרצוף אחר הנקראת תבונה. שני פרצופים משניות אלה פועלות כהרחבה של אבא ואמא כדי להעביר עוצמה מופחתת של האצלותיהן. הן נקראות בעיקר על פי ראשי התיבות שלהן יסו״ת. להן עצמן יש פרצופים משניות משלהן הנקראות ישראל סבא 2 ותבונה 2 – יסו״ת 2. הן מעבירות עוצמה מופחתת עוד יותר של ההאצלות של אבא ואמא.

התפקיד העיקרי של אבא ואמא הוא לתת לפרצוף ז״א, את המוחין–הכוח המנהיג[52] שלו.

ישנם מצבים שונים של גדלות עבור הפרצוף ז״א. בגדילתו הראשונה, הוא מקבל את המוחין–כוח מנהיג שלו מפרצופים יסו״ת (ישראל סבא ותבונה), ובגדלות השנייה והיותר חשובה שלו, הוא מקבל אותם ישירות מאבא ואמא.

---

[51] לא מושפע מפעולות האנשים
[52] שלושת הספירות שלהן: נצח, הוד ויסוד

זעיר אנפין

פרצוף זעיר אנפין נקרא לעיתים קרובות על פי ראשי התיבות שלו – ז״א. הוא מורכב משש הספירות: חסד, גבורה, תפארת, נצח, הוד ויסוד[53]. עבור הנבראים, ז״א עם תצורת נוקבא הם הפרצופים המרכזיים של ההנהגה. כל מערכות היחסים שלנו עם הנ״ל מכוונות תחילה לזו״ן (זעיר אנפין ונוקבא).

זעיר אנפין הוא פרצוף דינמית, שנמצאת באופן מתמיד בתהליך מעבר ממצב חלש יותר לתהליך של גדלות על מנת לחדש את כוחותיו ואת השפעתו. בתחילה, ז״א אינו שלם והוא בעל שבע ספירות בלבד, ובמצב של תרדמה. בתוך אמא, ז״א עובר תקופת ההיריון, ואחריה תקופה ראשונה של יניקה וגדלות ראשונה. כדי לפעול, הוא צריך לקבל את המוחין – כוח מנחה שלו, שהן שלוש הספירות הראשונות שלו חכמה, בינה ודעת, ולהגיע לשלב של גדילה. הן ניתנות לו בסדר מסוים מהפרצופים שמעליו יסו״ת או אבא ואמא.

במהלך תקופת ההיריון, ז״א לא ממש פועל מכיוון שהוא נבנה. בזמן היניקה הוא מתחיל לפעול, ובשלב הגדלות הוא מוכן לפעול ולהשפיע.

כאשר שלוש הספירות של נה״י (נצח, הוד, יסוד) של יסו״ת ב׳ הן כוח מנחה של ז״א, זהו השלב של הגדלות הראשונה. אבל כאשר נה״י של יסו״ת 1 לבושים בו, זה נחשב כאילו אמא ואבא היו לבושים בו באופן ישיר כמוחין – כוח מנחה שלו, ושלב זה הוא הגדלות השנייה. רק לאחר הגדלות השנייה ז״א מגיע לפוטנציאל המלא שלו. זה נקרא גדלות ב׳.

---

[53] הופך לעשר ספירות כאשר הוא מקבל את הכוח המנהיג שלו

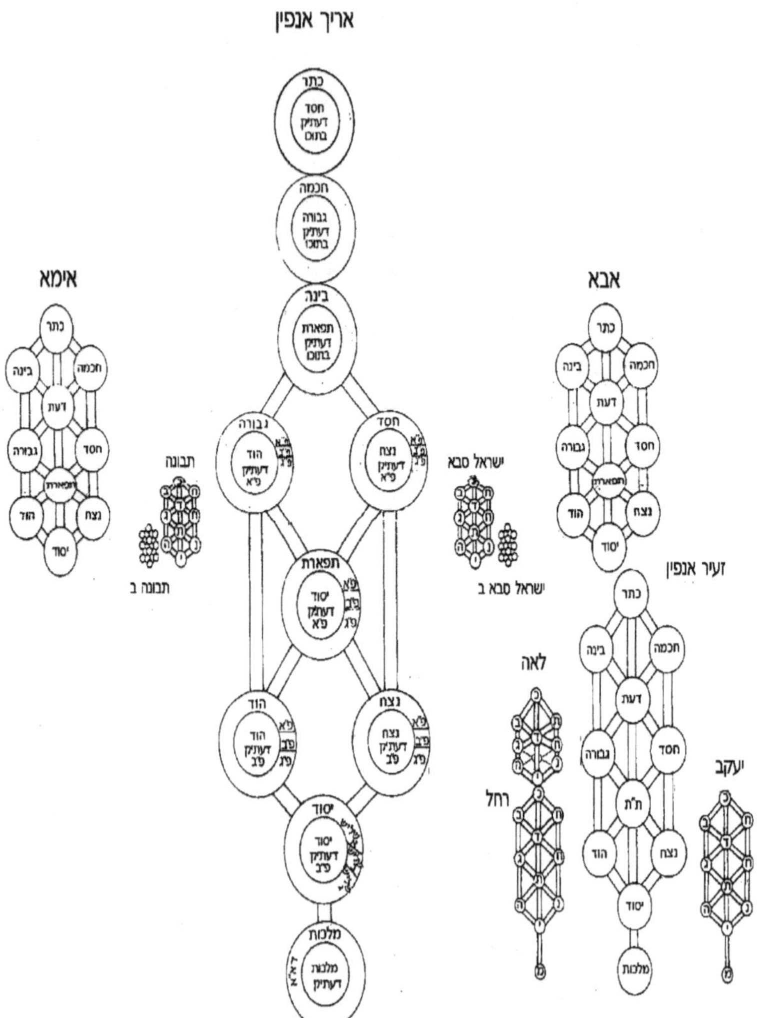
אריך אנפין
אימא
אבא
כתר
חסד דעתיק בתוס
חכמה
גבוה דעתיק בתבו
בינה
תפארת דעתיק בתוס
גבורה
חסד
הוד דעתיק פ"א
נצח דעתיק פ"א
תבונה
ישראל סבא
תבונה ב
ישראל סבא ב
תפארת
יסוד דעתיק פ"א
הוד
נצח
הוד דעתיק פ"ב
נצח דעתיק פ"ב
יסוד
יסוד דעתיק פ"ב
מלכות
מלכות דעתיק
נתר
בינה
חכמה
דעת
גבורה
חסד
הוד
נצח
יסוד
זעיר אנפין
כתר
בינה
חכמה
דעת
גבורה
חסד
הוד
נצח
יסוד
לאה
רחל
יעקב
כתר
בינה
חכמה
דעת
גבורה
חסד
ת"ת
הוד
נצח
יסוד
מלכות

מוחין – כוח מנחה

המוחין הם הכוח המנחה הניתן לפרצוף על ידי פרצוף אחת או שתים עליונות יותר. כתלות במצב הגדילה[54], ישנם מוחין של קטנות - יניקה ושל גדלות. יש גם מוחין אשר נכנסים לפרצוף הפָּחוּת יותר – פנימי, ומוחין אשר מקיפים אותו – חיצוני. הכוחות המנהיגים האלה משתנים בכוח ובעוצמות.

במהלך ההיריון, הכוח המנחה נמצא ברמתו הנמוכה ביותר ונקרא נה"י (נצח, הוד, יסוד) של מוחין ; הם מההיבט של נפש.

במהלך היניקה, האורות גדלים והכוח המנחה נמצא ברמה גבוהה יותר, ונקרא חג"ת (חסד, גבורה, תפארת) של מוחין והם מההיבט של רוח.

במהלך הגדילה, הכוחות המנחים מפותחים כעת במלואם כדי להנחות במלא הכוח של חב"ד (חכמה, בינה, דעת) ; הם מההיבט של נשמה.

שני מוחין שונים מגיעים לז"א : תחילה מגיעים כוחות מנחים של אמא, ואז הכוחות המנחים של אבא, שניים. הכוחות המנחים הנמסרים מאבא ומאמא לז"א נקראים הצלם שלו, והם אינם נכנסים אליו באופן מלא.

הכוחות אשר נכנסים לתוך הפרצוף הפָּחוּת יותר – פנימי, הם שלוש הספירות של נה"י (נצח, הוד, יסוד) של הפרצוף העליון, הם מתחלקים לשלושה ומורכבים כעת מתשעה חלקים ומתאימים לצ. הם מתפשטים לתוך תשע הספירות של ז"א.

הכוחות שאינם נכנסים הם חב"ד, חג"ת של הפרצוף הגבוה יותר. הם אינם נכנסים לתוך הפרצוף הפָּחוּת יותר, אלא מקיפים אותו מבחוץ בסידור שלושת העמודים של חסד, דין ורחמים. המוחין המקיפים הם

מהיבט גבוה יותר מאשר המוחין הפנימי ומתאימים ל-למ של המוחין השלם – צלי״מ.

החג״ת (חסד, גבורה תפארת) המקיפים אותו מתאימים ל-ל׳ הכחב״ד (כתר, חכמה, בינה, דעת) אשר מקיפים אותו מתאימים ל-מ׳. לפני שהוא מגיע למלוא כוחו, ז״א עובר דרך שלושה שלבי הכנה. תחילה, משש הספירות המקוריות שלו (יניקה 1) הוא יקבל את ארבע הספירות הגבוהות שלו, שהן הכוח המנחה שלו, מיסו״ת 2 (ישראל סבא ותבונה) (גדלות 1). כאשר כוחות מנהיגים אלה יוצאים[55] זוהי יניקה 2, כאשר הם חוזרים אליו דרך יסו״ת 1 (אבא ואמא), הוא הגיע לגדילה המלאה שלו (גדלות 2).

לכן, עבור שתי היניקות ושתי הגדלות של פרצוף ז״א, קיימים כוחות מנהיגים המתאימים לכל אחד ממצבי גדילה שונים אלה.

כוחות המנהיגים של יניקה

ישנם שני סוגים של כוחות מנחים של יניקה: קטנות א׳ וקטנות ב׳.אשר פרצוף ז״א מקבל רק את נה״י (נצח, הוד, יסוד) של המוחין פנימים שלו, אבל לא את המקיף, הם הכוחות המנחים של קטנות א׳.
כאשר הוא מקבל את נה״י (נצח, הוד ויסוד) של הכוחות המנחים שלו ישירות מאמא, הם הכוחות המנחים של קטנות ב׳.

כוחות מנהיגים של גדלות

ישנם שני סוגים של כוחות מנהיגים של גדלות: גדלות א׳ וגדלות ב׳.
כאשר פרצוף ז״א מקבל את כל הכוחות המנהיגים - פנימים והמקפים מיסו״ת, הם הכוחות המנהיגים של גדלות 1. כאשר הוא מקבל את כל

---

[55] כדי להגיע לגדלות המלאה שלו, הוא צריך לעבור ינקות שנייה

הכוחות המנהיגים שלו ישירות מאמא[56], הם הכוחות המנהיגים של גדלות ב', והוא השיג כעת את בגרותו המלאה.

פנים אל פנים

קיים גם רעיון של קרבה[57] ואינטראקציה, כתלות אם הפרצופים פונים זא לזא, או מפנים את הגב זא לזא. שלוש האפשרויות הן פנים אל פנים, פנים אל אחור (גב), או אחור באחור - גב אל גב.

פנים אל פנים היא המדרגה האידיאלית ומתאימה להענקת שפע.

כאשר הפרצוף נוקבא מוכנה לזיווג (חיבור), היא מגיעה פנים אל פנים עם הזכריי; זהו המיקום האידיאלי עבור החיבור.

ההנהגה של העולם תלויה במיקומים השונים ובאינטראקציות של הפרצופים הזכרים והנקביים האלה, מכיוון שיש להן השפעה ישירה על המידה והאיזון של הגורמים של חסד, דין ורחמים.

אחור (גב) אל פנים

אחור אל פנים היא המדרגה השנייה. היא בין המדרגות פנים אל פנים, שהיא המדרגה האידיאלית המתאימה להענקת השפע ואחור - גב אל גב, שמתאימה להעמדת הדין. אחור (גב) אל פנים מציינת נכונות להתקרב רק מצד אחד. זוהי עמדה של המתנה או כמיהה למצב האידיאלי של פנים אל פנים.

אחור באחור - גב אל גב

גב אל גב היא המדרגה הנמוכה ביותר והיא מתאימה להעמדת הדין.

גב אל גב מציינת חוסר נכונות להתקרב. זוהי עמדה שאינה יכולה לאפשר חיבור של הפרצופים עבור הענקה או פעולה.

נהיי"י של אמא [56]
והנכונות לזיווג [57]

זיווג – חיבור

לאחר שהפרצופים קיבלו את הכוחות המנהיגים המתאימים שלהן והן נמצאים בעמדת פנים אל פנים, הן מוכנים כעת לזיווג –להתאחד.

זיווג הוא חיבור של הזכריים עם הנקביים. כל התוצאות של ההאצלות הגבוהות יותר הן תוצאה של הזיווגים השונים של האורות הזכריים והנקביים.

ישנם סוגים שונים[58] של זיווגים:

- עבור תיקון העולמות
- עבור בניית הפרצופים
- עבור הנהגת העולמות

עבור תיקון העולמות

לאחר הנזק שנגרם על-ידי שבירת הכלים, היה נחוץ תיקון כדי לשים במקום את התצורות המתאימות בכל עולם[59]. היה זיווג של הספירות של מ"ה (45) וב"ן (52) בסידורים מורכבים, כדי לאפשר לב"ן (52) הנקבי להיות מתוקן על ידי מ"ה (45) הזכרי, וכדי שהספירות יעמדו בסידור שלושת העמודים של חסד, דין ורחמים.

עבור בניית הפרצופים

הזיווג של הפרצופים הנקבית והזכרים מוליד פרצוף נמוך יותר. לאחר הזיווג, יש תקופת הירײון שבה הפרצוף נשמר בתוך הפרצוף הנקבית העליון, כדי לקבל את הכוח הנחוץ לו לפני היציאה.

על-ידי זיווג של פרצוף עתיק ונוקבא שלו, נבנו פרצוף אריך ונוקבא שלו, ומהזיווג שלהם, נבנו אבא ואמא. על ידי הזיווג של פרצופים אבא ואמא, נבנו פרצופים ז"א ונוקבא.

---

[58] עם פרצופים שונים
[59] בסדר מסודר

עבור הנהגת העולמות

עבור פרצופים אבא ואמא ישנם שני סוגי זיווגים: הזיווג הקבוע הנקרא "חיצוני", והוא עבור קיום העולמות ולא יותר; השני נקרא "פנימי", והוא עבור חידוש הכוחות המנהיגים של פרצופים ז"א ונוקבא עבור ההנהגה. כדי שהשפע ירד אל העולם, הפרצוף הזכר זעיר אנפין צריך להתאחד עם הנוקבא – הנקבית. יכול להיות שפע רק כאשר הזכר והנקבה נמצאים בהרמוניה.

הנהגת העולם תלויה במיקומים השונים ובאינטראקציות השונות של הפרצופים הזכרים והנקביים, מכיוון שיש להן השפעה ישירה על המידה ועל האיזון של הגורמים חסד, דין ורחמים. הפרצופים של זעיר אנפין ונוקבא הן השורש של כל הנבראים. על ידי זיווגם ותיקונים – פעולות ואינטראקציות – הנהגת המשפט מתגלה. כל יום, על פי פעולות האדם, התפילות במהלך השבוע, בשבת או בחגים, וכתלות בזמן, פרצופים שונים מאפשרים זיווגים שונים של פרצופים, וכתוצאה מכך זרימות של שפע בעוצמות משתנות.שני תנאים צריכים להתקיים כדי שהזיווג יהיה אפשרי: הפרצופים חייבים להבנות, והנקבה לעורר תגובה מהזכר[60].

כל השפע היורד אל העולם נובע מהזיווגים השונים של הפרצופים הזכרים זעיר אנפין, ישראל, יעקב עם הפרצופים הנקביים של נוקבא – לאה או רחל.

ישנם חמישה זיווגים שונים:

---

[60] כמעט ואין אף פעם פעולה מלמעלה ללא גירוי מלמטה

63

- הזיווגים עם רחל הם ברמה החשובה ביותר, כי הם מההיבט של חסד.
- אלה עם לאה הם יותר מההיבט של דין.
- אלה של ישראל ורחל[61] הם העליונים ביותר. ישראל מייצג את כל ז״א, רחל היא העיקרית בנוקבא. השפע המוענק על ידי זיווג זה הוא השלם ביותר.
- הזיווגים הנוספים של זו״ן הם במדרגות שונות, בזמנים שונים ובשפע נמוך יותר.

לכל יום חדש יש האצלה חדשה השולטת בו. לכל יום, יש זיווגים חדשים של היבטים שונים של זו״ן (זעיר אנפין ונוקבא).

- בתפילת שחרית, יש זיווג של יעקב ורחל[62].
- בתפילת מנחה, יש זיווג של ישראל ולאה.
- בתפילת ערבית, יש זיווג של יעקב ולאה (מהחזה ומעלה).
- בתיקון חצות, יש זיווג של יעקב ולאה (מהחזה ומטה).

הנהגת העולם מושפעת מאוד מהסוגים השונים של המיקומים והאינטראקציות של הפרצופים[63], מאחר שהן מאצילות עוצמות שונות של חסד ודין

מטרת העבודה של הנבראים היא לעזור להכין את הפרצופים ז״א ונוקבא לזיווג, וזאת, כתוצאה של שמירת המצוות והתפילות השונות. התפילות והמעשים טובים השונים רומזים על שמות נסתרים, והכוונות הגורמים לעליית העולמות והדבקתם, והכנת הפרצופים לזיווגן.

פרק 6

עולמות

עולם הוא אפשרות וסוג של קיום בממד מסוים. ישנם ארבעה
עולמות:
אצילות – עולם ההאצלה,
בריאה – עולם הנשמות,
יצירה – עולם המלאכים ועשייה – העולם הגשמיים.

עולם

"נשתלשלו ממנו ד' עולמות אבי"ע (אצילות, בריאה, יצירה, ועשייה)
הידועים ומפורסמים כנזכר בזוהר ובתיקונים. ואמנם אצילות א"ק (אדם
קדמון) הזה ומכ"ש שאר עולמות שתחתיו כנ"ל היה להם ראש וסוף והיה
להם זמן התחלת הויותן ואצילותן משא"כ באין סוף הנ"ל. והנה מן העת
וזמן אשר התחיל התפשטות והשתלשלות האורות והעולמות הנ"ל מאז
התחיל הויות הנבראים כולם זה אח"ז עד שבא הדבר אל המציאות אשר
הוא עתה, וכפי סדר ההתפשטות וההשתלשלות כסדר הזמנים זה אח"ז כך
נעשה, ולא היה אפשר להקדים או לאחר בריאת עולם הזה כי כל עולם
ועולם נברא אחר בריאת עולם שלמעלה מהעולם ממנו, וכל העולמות היו
נבראים ומתפשטים ומשתלשלים והולכים זה תחת זה בזמנים שונים
ומאוחרים זא"ז עד שהגיע זמן בריאת עולם הזה. ואז נברא בזמן הראוי לו
אחר בריאת העולמות העליונים אשר עליו ודי בזה, כי לא נוכל להרחיב
ולהעמיק ביאור זה הענין ככל הצורך ואיך וכמה ומתי.".
(כתבי האר"י, עץ חיים חלק א, דרוש עגולים ויושר)

עולם הוא אפשרות וסוג של קיום בממד מסוים. מהתצורה הראשונה;
אדם קדמון, יצאו ההאצלות אשר יצרו את שאר העולמות[64].

ישנם ארבעה עולמות. הראשון שמתגלה מאדם קדמון נקרא אצילות, עולם
ההאצלה, שבו אין קיום של הנפרד ואין כוח שלילי אפילו במדרגות
הנמוכות ביותר שלו.
העולם השני הוא בריאה, עולם הנשמות.
העולם השלישי הוא יצירה, עולם המלאכים.
העולם הרביעי הוא עשייה, עולם הקיום הגשמי.

---

[64] ארבעה עולמות נמוכים יותר

קיים מסך (מחיצה) אשר מפריד בין עולם אחד למשנהו, וממסך זה נובעות עשר הספירות של העולם הפָּחוּת יותר מעשר הספירות של העולם הגבוה יותר.

כל העולמות דומים במבנה שלהם ; כל אחד מהם מכיל עשר ספירות וחמש פרצופים עיקריים :

- אריך אנפין
- אבא
- אמא
- זעיר אנפין
- נוקבא

ראה איור 11

אבל הייחודיות של העולם הגבוה יותר היא בעלת ערך יותר חשוב. אין הפרעה לזרימת האנרגיות משני הכיוונים. כל העולמות מתחברים על ידי הספירה האחרונה של העולם הגבוה יותר אשר "מתחברת" עם הספירה הגבוהה יותר של העולם שמתחתיו. שלוש הספירות הראשונות של פרצוף עתיק יומין נמצאות בספירת מלכות של העולם הגבוה יותר (אדם קדמון), שבע הספירות התחתונות יותר שלו נמצאות בפרצוף הראשון אריך אנפין של העולם מתחתיו.

על ארבעת העולמות האלה, שולטות ארבע האותיות של השם י-ה-ו-ה.
י' באצילות ; על ידי כך, כל המדרגות המתוקנות מסודרות.
ה' יורדת מאצילות לבריאה ומנחה אותו.
ו' ליצירה,
ה' לעשייה.

אצילות היא מההיבט של פרצוף אבא, בריאה של אמא, יצירה של ז"א ועשייה של נוקבא.

אצילות – עולם ההאצלה

העולם הראשון[65], אצילות, הוא עולם ההאצלה, עולם המחשבה האלוהית. זהו עולם רוחני לחלוטין, ללא קיום כלשהו של ישויות נפרדות. הוא מביא לקיום ומקיים את העולמות אחרים. הוא הגבוה ביותר מבין ארבעת העולמות, מעל בריאה, יצירה ועשייה.

שלוש הספירות הראשונות של פרצוף עתיק יומין נמצאים בספירת מלכות של אדם קדמון, בעוד שבע הספירות התחתונות יותר שלו נמצאות בתוך עשר הספירות של אריך אנפין ויוצרות את הקישור בין אצילות ואדם קדמון.

מאצילות התגלו כל העולמות הנמוכים יותר, שהם מקור הקיום של העולמות הגשמיים והאפשרות של שכר, עונש, ורע.

מתחת לאצילות, התנגשו האורות של מלכות שלו, ונוצר מסך בין אצילות ובריאה עקב הבטישה של אורות אלה. משם, פרצופים - תצורות אחרות, הדומות לאלו באצילות, התהוו בעולמות הנמוכים יותר, אך בכוח נמוך יותר מאחר שהאורות צומצמו על ידי המסך. בגלל ההפחתה של עוצמות האורות האלו, קיומם של ישויות נפרדות הפך לאפשרי.

עולם האצילות הוא מההיבט של השם ע"ב ופרצוף אבא.

---

65 לאחר העולם של אדם קדמון

איור 11

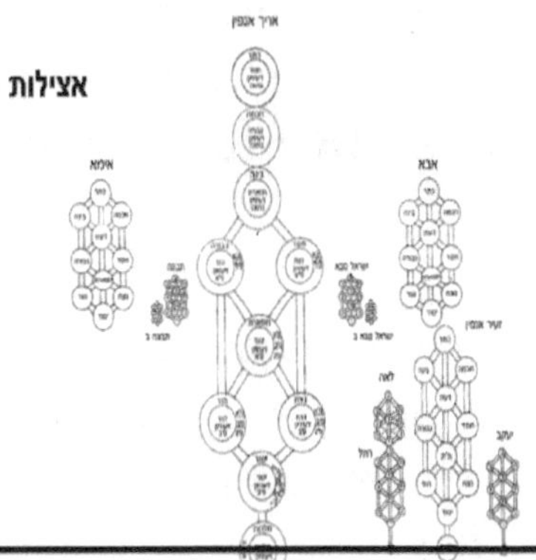

בריאה – עולם הבריאה

העולם השני שמתגלה נקרא בריאה, עולם הבריאה. זהו עולם הנשמות. זהו העולם הראשון שבו לישויות נפרדות יש אפשרות להתקיים. הנבראים הנפרדים האלה הם בעלי המדרגה הרוחנית הגבוהה ביותר; הם הנשמות בעלות הפצת אור מרבית, לפני שהן יורדות לגוף פיזי[66]. בריאה נמצא מתחת אצילות ומעל יצירה ועשייה.

מתחת לבריאה, מתחת למסך שלו, פרצופים אחרים, דומים לאלה שבבריאה, התהוו בעולם התחתון יותר של יצירה, אך בכוח נמוך יותר מכיוון שהאורות היו אף יותר מעומעמים בגלל המסך. ההצטברות של הפחתת עוצמות האור, תביא לכך שאפילו יותר ישויות נפרדות כגון מלאכים יבואו לידי קיום.

עולם הבריאה הוא מההיבט של השם ס"ג (63).

לכן, בריאה היא מההיבט של פרצוף אמא – ספירה בינה.

---

[66] ומאבדות מהפצת האור המקורית שלהם

יצירה – עולם היצירה

העולם השלישי שמתגלה נקרא יצירה; זהו העולם של ההיווצרות, עולם המלאכים[67]. לאחר בריאה, לו יש ישויות נפרדות, אם כי ברמה הרוחנית הגבוהה ביותר, יצירה הוא גם עולם רוחני, אבל למלאכים, שהם הישויות הנפרדות שלו, יש גם צורה רוחנית. עולם זה נמצא מתחת אצילות ובריאה, אך מעל עשייה.

מתחת ליצירה, מתחת למסך שלו, פרצופים - תצורות אחרות הדומות לאלו ביצירה התהוו בעולם התחתון של עשייה. בגלל ההפחתה הניכרת בעוצמות האור, ישויות פיזיות יוכלו להתקיים.

עולם היצירה הוא מהיהבט של השם מ"ה (45). לפיכך, יצירה הוא מההיבט של פרצוף ז"א.

מלאכים

ישנם שני סוגים של מלאכים: חיוביים ושליליים. בעולם היצירה שורים רוב המשפחות השונות של המלאכים החיוביים.ישנם שני סוגים של מלאכים חיוביים: המלאכים של הטבע שנבראו בתחילת העולם: הם אחראים על הטבע עצמו. הסוג השני[68] הוא המלאכים של הנהגת ה"שכר ועונש", הם מבצעים את הרצון האלוהי ומחודשים באופן קבוע בהתאם למעשי האדם.

המלאכים החיוביים כוללים עשר קבוצות ומחולקים כדלקמן: שלוש קבוצות בעולם בריאה, שש קבוצות בעולם יצירה, וקבוצה אחת בעולם עשייה. לכל קבוצת מלאכים יש היררכיה משלה, והיא מחולקת לארבעה מחנות: מיכאל, גבריאל, אוריאל ורפאל. יש גם מלאכי חבלה בעולמות הנמוכים יותר[69]; גם הם מחולקים בחלוקות משנה לאותו הסדר. הם כוללים עשר קבוצות והם בשירות הכוח השלילי הפחות יותר.

---

[67] העולם העיקרי שלהם, חלק גם נוכחים בעולמות האחרים

[68] מחולקים לקטגוריות שונות

[69] בריאה, יצירה ועשייה של עולם התחתון, למטה מהעולם העשיה

עשייה – עולם הפעולה

העולם הרביעי שמתגלה נקרא עשייה - פעולה, עולם הקיום הגשמי. זהו המקום הרחוק ביותר מהההאצלה של האור, שכעת סונן על ידי שלושת העולמות שמעליו. כל סוגי הקיום הגשמי אפשריים כעת, ואפילו קיומם של כוחות נגדיים הוא מותר. זהו עולם האדם כישות המורכבת משני אלמנטים מנוגדים : נשמה מהעולם הגבוה ביותר של בריאה, וגוף גשמי מהעולם התחתון של עשייה. שני הרכיבים הללו תמיד במצב של מאבק, הנשמה נמשכת לעולמות של המקור הרוחני שלה, הגוף לתענוגות הגשמיים והבלי העולם הזה.

עולם העשייה הוא מהההיבט של השם ב"ן (52). לכן, עשייה היא מהההיבט של פרצוף נוקבא – ספירה מלכות. מהמדרגה האחרונה של ספירות העשייה (מלכות של עשייה), נבע הכוח השלילי.

במקביל לארבעת העולמות (אביע), ישנם ארבעה סוגים של קיום בעולמנו :

- דומם -מינרל המתאים לעשייה
- צומח המתאים ליצירה
- חי המתאים לבריאה
- מדבר-אדם המתאים לאצילות

לישות הנוספת, הנקראת סטרא אחרא (הצד השני או הכוח השלילי), יש ארבעה עולמות משלה של אצילות, בריאה, יצירה ועשייה. יש לה גם פרצופים, ספירות, היכלות ומלאכים כמו בעולם החיובי, אבל בעלי כוח נמוך יותר.

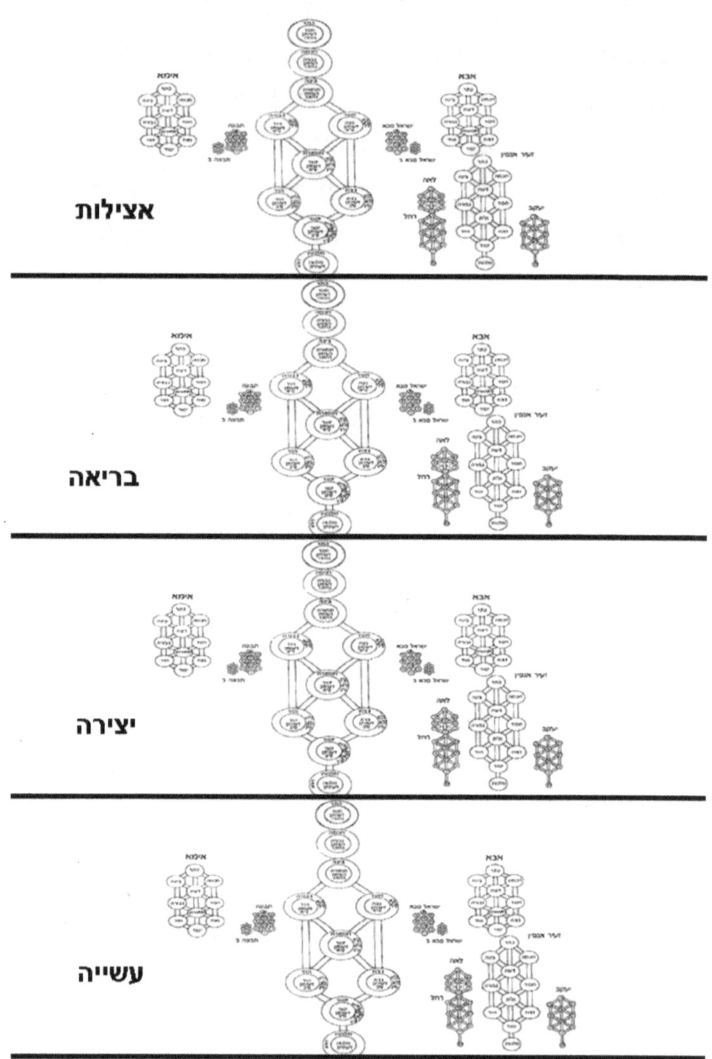
אצילות
בריאה
יצירה
עשייה

פרק 7

נשמות

לנשמה יש חמישה שמות: נפש, רוח, נשמה, חיה ויחידה, אשר מתאימים לחמש המדרגות שלה. ישנן הרבה חלוקות וקטגוריות של נשמות. הן נבדלות על פי מקורן או רמתן בעולמות הגבוהים יותר.

המדרגות של הנשמה

"ונתחיל מ"ש חז"ל כי חמשה שמות יש לנפש, וזה סדרם ממטה למעלה:
נפש, רוח, נשמה, חיה, יחידה. ואין ספק כי לא נפל קריאת השמות הנזכרות,
במקרה ובהזדמן. אמנם דע, כי האדם עצמו, הוא הרוחניות אשר בתוך גוף,
והגוף הוא לבוש האדם, ואיננו האדם עצמו. וכמש"ה [וכמו שאמר הכתוב]:
'על בשר אדם לא ייסך', וכנזכר בזוהר פרשת בראשית דף כ', ע"ב. ונודע כי
האדם מקשר כל ד' עולמות אבי"ע, ולכן בהכרח הוא שיהיו בו חלקים מכל
הארבעה עולמות, ואלו החלקים כל חלק מהם, נקרא בשם אחד מן החמשה
שמות הנז' שהם נרנח"י (נפש, רוח, נשמה, חיה, יחידה) כמו שיתב."
האר"י – שער הגלגולים, א

לנשמה יש חמש מדרגות, שמותיהן הם: נפש, רוח, נשמה, חיה ויחידה.
הנשמה היא היישות הרוחנית בתוך הגוף, האחרון הוא רק בגד חיצוני
שלה. לכל נשמה יש שורש מדויק ואפשרות להשגת המדרגה הגבוהה
ביותר של שורש זה[70]. כולם[71] מגיעים תחילה עם רמה נמוכה יותר, ויגיעו,
אם הם ראויים, לרמה הגבוהה יותר הבאה.
- נפש היא המדרגה הראשונה והנמוכה ביותר. היא מושגת בלידה ולפני
המדרגות העוקבות. היא מתאימה לרמה של העולם הגשמי של עשייה ושל
הפרצוף הנקבי נוקבא.
- רוח היא המדרגה השנייה והיא מושגת לפני המדרגות העוקבות. היא
מתאימה לרמה של עולם המלאכים –יצירה ותצורת זעיר אנפין.
- נשמה היא המדרגה השלישית וניתן להשיגה רק לאחר השגת מדרגת נפש
ורוח. היא מתאימה לרמה של עולם הנשמות –בריאה, ופרצוף אמא.
- חיה היא המדרגה הרביעית וניתן להשיגה רק לאחר המדרגות הקודמות.
היא מתאימה לרמה של עולם אצילות ופרצוף אבא.

---

[70] לאחר גלגול הנשמות
[71] האנשים

- יחידה היא המדרגה החמישית והגבוהה ביותר. נדיר מאוד להגיע אליה וניתן להשיגה רק לאחר תיקון של כל המדרגות הקודמות. היא מתאימה לרמה של עולם האצילות ופרצוף אריך אנפין.

פרצוף	עולם	נשמה
אריך אנפין	אצילות	יחידה
אבא	אצילות	חיה
אמא	בריאה	נשמה
זעיר אנפין	יצירה	רוח
נוקבא	עשייה	נפש

איור 13 : הקשר בין חמש המדרגות של הנשמות, ארבעת העולמות וחמש הפרצופים

ישנן הרבה חלוקות וקטגוריות של נשמות. הן שונות על פי מקורן או רמתן בעולמות הגבוהים יותר. כל רמה של הנשמה מחולקת בחלוקת משנה לחמש מדרגות. באשר לרמה של נפש, יש נפש של נפש, רוח של נפש, נשמה של נפש, חיה של נפש ויחידה של נפש.

יחידה	חיה	נשמה	רוח	נפש
יחידה	יחידה	יחידה	יחידה	יחידה
חיה (2)	חיה	חיה	חיה	חיה
נשמה	נשמה	נשמה	נשמה	נשמה
רוח	רוח	רוח	רוח	רוח
נפש	נפש	נפש	נפש	נפש (1)

איור 14 : כל רמה של הנשמה בעלת חמש מדרגות משלה

(1) נפש של נפש היא המדרגה הנמוכה ביותר של נשמה

(2) חיה של יחידה היא כמעט הגבוהה ביותר

(3)

מדרגה	נפש	רוח	נשמה	חיה	יחידה
נפש	יחידה	יחידה	יחידה	יחידה	יחידה
נפש	חיה	חיה	חיה	חיה	חיה
נפש	נשמה	נשמה	נשמה	נשמה	נשמה (3)
נפש	רוח	רוח	רוח	רוח	רוח
נפש	נפש	נפש	נפש	נפש	נפש

איור 15 : כל מדרגה של הנפש מתחלקת שוב לחלוקות משנה

כל מדרגה יכולה להתחלק שוב בחלוקת משנה, לדוגמא :

לכל נשמה יש מקור משלה בעולמות השונים ובתצורות השונות. תכונת הנשמה תהיה תלויה באיזו פרצוף ומאיזה עולם מגיע השורש שלה. נשמה ממקור גבוה יותר תהיה בעלת תכונה עליונה יותר ותהיה בעלת פוטנציאל טוב יותר להבנה ולהתקרבות אל בוראה, בתנאי, כמובן, שהיא פועלת בהתאם ומגיעה לפוטנציאל שלה.

כל אחת ממדרגות אלה של הנשמה מתחלקת בחלוקת משנה עבור כל מדרגה של פרצוף – תצורה, ועבור כל עולם. לכן, ישנן חמש מדרגות של נשמה עבור כל פרצוף ויש חמש מדרגות של תצורות עבור כל עולם, וכו'.

נשמה / עולם	עשייה	יצירה	בריאה	אצילות	אצילות
יחידה	נוקבא	נוקבא	נוקבא	נוקבא	נוקבא
חיה	נוקבא	נוקבא	נוקבא	נוקבא	נוקבא
נשמה	נוקבא	נוקבא	נוקבא	נוקבא	נוקבא
רוח	נוקבא	נוקבא	נוקבא	נוקבא	נוקבא
נפש	נוקבא	נוקבא	נוקבא	נוקבא	נוקבא

איור 16 : כל האפשרויות של נוקבא עבור חמש המדרגות של הנשמות והעולמות

כל אחת מהמדרגות הללו יכולה להתחלק חלוקת משנה רבות שוב, תוך הוספת אפשרויות רבות.

כמו כן, מאחר שיש עשר ספירות בכל ספירה, עולם ופרצוף, מקור הנשמה יכול להיות מאחת מחלוקות המשנה שנזכרו מעלה, המחולקת שוב לחלוקות משנה על פי עשר הספירות.

איור 17

נפש	עשייה	יצירה	בריאה	אצילות	אצילות
כתר	נוקבא	ז"א	אמא	אבא	אריך
חכמה	נוקבא	ז"א	אמא	אבא	אריך
בינה	נוקבא	ז"א	אמא	אבא	אריך
דעת	נוקבא	ז"א	אמא	אבא	אריך
חסד	נוקבא	ז"א	אמא	אבא	אריך
גבורה	נוקבא	ז"א	אמא	אבא	אריך
תפארת	נוקבא	ז"א	אמא	אבא	אריך
נצח	נוקבא	ז"א	אמא	אבא	אריך
הוד	נוקבא	זעיר	אמא	אבא	אריך
יסוד	נוקבא	זעיר	אמא	אבא	אריך
מלכות	נוקבא	זעיר	אמא	אבא	אריך

כל האפשרויות של מדרגות נפש עבור עשר הספירות וארבעת העולמות

ניתן לחלק לעוד חלוקות ותתי חלוקות, מאחר שכל ספירה מתחלקת בחלוקת משנה לעשר באופן כמעט עד אינסופי[72]. כל פרצוף גם מתחלק בחלוקת משנה לעשר ספירות, וכך נוספות אפילו יותר אפשרויות. כיוון שהאנשים הם מעוררים את חיבור הספירות והפרצופים באמצעות תפילותיהם ושמירת המצוות, השורש נשמותיהם צריך להיות מהם, כל אחד לפי רמתו.

---

[72] לחלוקת נפש, וכך גם עבור כל אחת מחמש המדרגות השונות של הנשמה

ספירה	מדרגת הנשמה	השם	
כתר	יחידה	קוצו של יוד	י
חכמה	חיה	יוד	י
בינה	נשמה	הא ראשונה	ה
דעת	רוח	וו	ו
חסד	רוח	וו	ו
גבורה	רוח	וו	ו
תפארת	רוח	וו	ו
נצח	רוח	וו	ו
הוד	רוח	וו	ו
יסוד	נפש	הא שנייה	ה

איור 18

מטרתו של האדם היא להגיע לכל מדרגה עוקבת גבוהה יותר של נשמתו ; בשביל זה, הוא חייב לבצע תיקון של המדרגות הקודמות.

את המדרגות הגבוהות יותר לא ניתן להשיג מיד. לרוב האנשים יש רק את מדרגת נפש, ואם הם ראויים לכך, הם ירכשו את המדרגות העוקבות, אך בזו אחר זו על ידי מוות וגלגול נשמות. אם הוא צריך לרכוש את מדרגת אמא של עשייה, ראשית, יהיה עליו לבצע את תיקון של מלכות של עשייה, ז״א של עשייה, וכן הלאה. כדי להשיג את מדרגת נשמה שלו, הוא חייב לבצע תיקון של כל המדרגות של הספירות והפרצופים של נפש ורוח שלו, וכן הלאה. כדי לעשות את התיקון הזה, יכולים להידרש מספר גלגולי חיים, הנשמה תתגלגל אז מחדש פעמים רבות ככל הנדרש כדי להשיג זאת.

לכל האפשרויות המורכבות הללו יש רק מטרה אחת ; לאפשר לאדם להיות ראוי על פי מאמציו ולהתקרב לבוראו. למען זה, הוא חייב להגיע למדרגת נשמה גבוהה יותר, ולשפר את דרכיו על ידי עשיית התיקון שלו.

פרק 8

גלגול נשמות

הגלגול הוא גלגול של נשמה מזמן הלידה ועד המוות; העיבור הוא חיבור של נשמה אחרת לנשמתו של האדם, שיכולה לבוא ולעזוב אותו בכל עת. כאשר אדם עושה את התיקון הנחוץ שלו, נשמתו יכולה כעת לעלות אל העולמות הגבוהים יותר ולהצטרף מחדש למקור שלה. אבל אם האדם לא עושה את התיקון של המדרגה של הנשמה שלו שעבורו הוא בא, הוא חוזר ועובר עוד גלגול נשמות.

גלגול נשמות

דע כי כאשר חטא אדם הראשון, נפגמו כל הנצוצות של נפשו ורוחו ונשמתו. והענין הוא במה שנודע כי כמו שגופו של אדם כלול מכמה נצוצות ברמ"ח איברים ושס"ה גידים, ויש כמה נצוצות בראשו וכן בעיניו וכן בכל אבר ואבר כן הנפש ההיא. וכמו שדרשו במדרש תנחומא ובמדאש רבא בפרשת נשא על פסוק - איפה היית ביסדי ארץ, מלמד שהיה אדם הראשון מוטל גולם וזה תלוי בראשו וכו'. וכדמיון זה נחלק הרוח שבו, וכן הנשמה שבו. וכשחטא אז נפגמו רוב הנצוצות של נפשו ורוחו ונשמתו ונתעבר בין הקליפות. וזה סוד מה שכתוב בספר התקונים בהקדמה על פסוק - כצפור נודדת מקנה, כי כמו שהשכינה גלתה בין הקליפות כן הצדיקים יגלו עמה ואזלין מנדדין אבתרהא מדוך לדוך. וכפי בחינת הנצוצות כך גלו במקום המכוון להם בתוך הקליפות ראש בראש עין בעין וכו'. וזה סוד ענין גלות הנשמות הנזכר שם. והנה גם קין והבל בניו חטאו חטא אחר זולתי חטא אדם אביהם וגם הם נטבעו נצוצותיהם בעמקי הקליפות אחר כן.
ואמנם בכל דור ודור יוצאות קצת נצוצות ההם ובאים בגלגול בעולם הזה הכל כפי בחינת מחצב נשמות הדור ההוא או מנצוצי הראש או מנצוצי העין וכיוצא ונתקנים בעולם הזה. ויש מי שאף גם שבא בגלגול להתקן, לא נזהר מן החטא וחזר להשתקע עוד בתוך הקליפות כבראשונה, הוא וכל הנצוצות הנמשכות ממנו ותלויות בו, וזו היא בחינה בינונית כוללות גלגול ועבור כי כל נצוצי הנפש אפילו אותם שנתקנו באים בגלגול גמור עם הנצוץ הפרטי המקולקל מעת שנולד, ואינם נפרדים כלל עד יום המיתה.
אריז"ל – שער הגלגולים, הקדמה ג

כדי לעלות מן המדרגה המקורית שלה, הנשמה צריכה לעבור גלגול נשמות[73] כדי לעשות את התיקון שלה. תיקון זה של הנשמה מתממש על ידי גלגול (גלגול נשמות) ו/או על ידי עיבור (חיבור). בעוד שגלגול הוא גלגול

נשמות של נשמה לתוך גוף מרגע לידתו ועד מותו, העיבור הוא חיבור של נשמה אחרת לנשמה שלו, אשר יכולה לבוא ולעזוב את האדם בכל עת.

אם אדם לא עושה את התיקון עבור מדרגת הנשמה שעבורה הוא הגיע, הוא חוזר חזרה ועובר גלגול נשמות בתוך גוף חדש לחיים חדשים. כל עוד הוא לוקח על עצמו לבצע את תיקון נשמתו בשלושה גלגולי נשמות, הוא יחזור פעם אחר פעם לפי הצורך, כדי להשלים את התיקון שלו.

אולם, אם הוא ממשיך בהתנהגותו השגויה[74] ולא מבצע או מתקדם בתיקון שלו, הוא לא יחזור לאחר גלגול הנשמות השלישי[75].

ישנן סיבות שונות מדוע הנשמה עלולה לחזור ולבצע גלגול נשמות. יכול להיות שזה כדי לתקן מעשה על נזק כלשהו שגרם במעשיו השגויים, או מכיוון שלא קיים איזה המצוה. הסוד והסיבות הטמונים בקיום המצוות הם לעזור בתיקון הנשמה או כדי לבצעו.

כפי שיש תרי"ג (613) חלקים לנשמה, ו-613 גידים ואיברים לאדם, באופן דומה, יש 613 מצוות ו-613 אורות בכל ספירה או פרצוף. כל מצווה מתאימה לחלק אחד של הנשמה ושל הגוף; על ידי ביצוע מצווה עשה או לא תעשה, החלק המתאים של הנשמה מחוזק ומתוקן. מי עובר במצווה עשה או לא תעשה גורם נזק ישיר לנשמתו ומחייב תיקון בחיים האלה או בגלגול עתידי. רק על ידי קבלת הזדמנות נוספת לעשות או לבטל את מה שהיה עליו לעשות או לא לעשות, האדם עושה את התיקון הנחוץ של הנשמה שלו, שכעת יכולה לעלות לעולמות הגבוהים יותר ולהצטרף מחדש למקור שלה.

"ואף על פי שנודע, שיש מי שנפשו מן מלכות דעשייה, ויש מן יסוד דעשייה וכו', עכ"ז צריך שיתקן כל איש ואיש כל כללות עולם העשייה, ואח"כ יוכל לקבל רוחו אשר מן היצירה, לפי שהיצירה גדול מכל העשייה כלה. וכן עד"ז כדי להשיג נשמתו אשר מן הבריאה, צריך שיתקן האדם כל חלקי רוחו בכל היצירה, ואח"כ יוכל לקבל נשמתו אשר מן הבריאה, ולא יספיק לו כאשר

<hr>

[74] בשלושת גלגולי הנשמות הראשונים שלו

[75] הנשמה הזאת תיפסק.

81

יתקן מקום פרטי, שבו נאחז שרש נשמתו, רק צריך שיתקן כנזכר, עד שיהיה ראוי אל כל העשייה, ואז ישיג רוח היצירה. ועד"ז בשאר העולמות. פירוש הדברים, שיעסוק בתורה ובמצוות, אשר היא כפי ערך העשייה כלה, ולא יספיק כפי פרטיות מקום אחיזת נפשו, והרי זה בבחינה קיום התורה והמצוות.

וכן אם חטא ופגם באיזה מקום של העשייה, אע"פ שאיננו מקום אחיזת נפשו, צריך לתקנו. האמנם אם איזה נפש אחרת חסר מלעשות איזו מצוה, אשר היא מעולם העשייה, או אם עשה שום עבירה ופגם בה, אין זה מחוייב לתקן חסרון מצוה, או פגם של עבירה זולתו, אא"כ היו שניהם ממקום אחד, כמו שיתבאר לקמן בע"ה. או אפשר, כי אין שם תקון נופל, אלא בתקון פגם עבירה בלבד, ולא בעשיית קיום כל רמ"ח מצוות עשה. או אפשר, והוא הנכון, כי דרך משל, מי שהוא ממלכות דנוקבא דעשייה הנקראת נפש דעשייה, צריך שיתקן כל המלכיות דרות, ונשמה, וחיה, יחידה של העשייה. והנה מי שלא תקן רק מלכות של עשייה, אין בו רק נפש מן הנפש שבעשייה. ומי שתקן גם ז"א דעשייה, יהיו בו נפש רוח מן העשייה.

ואם תקן גם אימא דעשייה, יהיו בו נפש, רוח, נשמה מן העשייה. וכן עד"ז, עד שנמצא, כי מי שתקן כל חמשה פרצופים דעשייה, יש לו נרנח"י (נפש, רוח, נשמה, חיה ויחידה), וכל החמשה בחינות אלו, כל בחינה מחמשתן, שלימה בשלשה חלקיה, שהם עבור, ויניקה, ומוחין כנזכר בפסוק ומעיל קטן תעשה לו אמו[76] וגו', נקראת נפש שלימה דעשייה, ואז יזכה אל הרוח מן היצירה. וגם בחלק זה הנקרא רוח, יש בו כל חמשה מדרגות הנז', וכולם נקראים רוח שלם דיצירה. וכן עד"ז בנשמת הבריאה. וכן בחיה. וכן ביחידה.

(כתבי האר"יי – שער הגלגולים, א)

קיימות מדרגות שונות בנשמה, וכל אחת מהן מתאימה לספירה, לפרצוף או לעולם[77] מסוימים. המערכות לתיקון הנשמות הן מורכבות ופועלות לפי

סדר מדויק של עדיפות מהמדרגה הנמוכה ביותר לרמה הגבוהה ביותר[78]. בשביל התיקון שלה, נשמה חייבת קודם לתקן את מה שפגום או חסר במדרגה נמוכה יותר לפני שהיא עוברת למדרגה הבאה.

כדי להגיע למדרגה הגבוהה יותר הבאה של נשמתו, אדם חייב לבצע באופן מלא את התיקון של המדרגה הקודמת.

חמש המדרגות של הנשמה – נפש, רוח, נשמה, חיה ויחידה מתאימות לארבעת העולמות של העשייה, יצירה, בריאה ואצילות.

עולם	נשמה
אצילות	יחידה
אצילות	חיה
בריאה	נשמה
יצירה	רוח
עשייה	נפש

איור 19

כדי להשיג את מדרגת הרוח שלו, אשר מתאימה ליצירה[79], האדם חייב לבצע את התיקון של הנפש שלו, המתאימה לעשייה.

לכל עולם יש חמש מדרגות של נשמה; לכן, כל עולם מתחלק שוב לחלוקות משנה של חמש מדרגות בסדר עולה.

איור 20

מדרגה	עשייה נפש	יצירה רוח	בריאה נשמה	אצילות חיה-יחידה
5	יחידה	יחידה	יחידה	יחידה
4	חיה	חיה	חיה	חיה
3	נשמה	נשמה	נשמה	נשמה
2	רוח	רוח	רוח	רוח
1	נפש	נפש	נפש (1)	נפש

---

[78] ראה שער הגלגולים של האר"י ז"ל
[79] הן שתיהן רמות שניות

כדי לקבל את המדרגה הראשונה של נשמה שלו, אשר מתאימה לנפש של בריאה (1), האדם חייב לבצע את התיקון של כל מדרגות הנפש, הרוח, הנשמה, החיה והיחידה שלו של העולם של עולמות העשייה והיצירה כדי לתקן לחלוטין את מדרגות הנפש והרוח שלו, ולהיות מסוגל להגיע למדרגת הנשמה שלו.

לכל עולם יש גם חמש מדרגות של נשמה המתאימות לחמשת הפרצופים.

מדרגה	עשייה נפש	יצירה רוח	בריאה נשמה	אצילות חיה-יחידה
5	אריך אנפין	אריך אנפין	אריך אנפין(2)	אריך אנפין
4	אבא	אבא	אבא	אבא
3	אמא	אמא	אמא	אמא
2	ז״א	ז״א	ז״א	ז״א
1	נוקבא	נוקבא	נוקבא	נוקבא

איור 21

כדי לקבל את המדרגה הגבוהה ביותר של הנשמה שלו, אשר מתאימה לאריך אנפין של בריאה (2), האדם חייב לבצע את התיקון של חמשת הפרצופים של עשייה ויצירה וארבעת הפרצופים הראשונים של בריאה. חמש המדרגות של הנשמות מתאימות לחמש הפרצופים.

פרצוף	נשמה
אריך אנפין	יחידה
אבא	חיה
אמא	נשמה
זעיר אנפין	רוח
נוקבא	נפש

את המדרגות הגבוהות יותר של הנשמה לא ניתן להשיג מיד. לרוב האנשים יש רק את מדרגת נפש[80]. אם הם ראויים, הם ישיגו או יעברו גלגול נשמות כדי להשיג את המדרגות הבאות – אחת אחת. באופן כללי, מדרגת הרוח לא יכולה להגיע לפני גיל שלוש עשרה, מדרגת הנשמה בגיל עשרים, והמדרגות האחרות לאחר מכן.

ניתן לעשות את התיקון של כל המדרגות בתקופת חיים אחת. לשם כך, כל המדרגות צריכות להיות מתוקנות אחת אחרי השנייה באותה תקופת חיים, וזה חייב להיות בפעם הראשונה שבה הנשמה הזו באה לעולם. אם האדם רק עושה את התיקון במדרגת הנפש שלו[81], הוא לא יקבל את הרוח שלו; הוא צריך למות קודם ולחזור כדי לקבל אותה בחיים החדשים שלו[82]. אם הוא עושה את התיקון של הרוח שלו בחייו החדשים, הוא לא יקבל את מדרגת הנשמה שלו. הוא יצטרך למות שנית ואז לחזור עם שתי מדרגות הנפש והרוח כדי לנסות לקבל את הנשמה שלו. ברגע ששלוש מדרגות אלה מושגות, הוא לא יצטרך לבצע גלגול נשמות יותר[83].

כל ספירה מתאימה למדרגה של נשמה.

מדרגת נשמה	ספירה
יחידה	כתר
חיה	חכמה
נשמה	בינה
רוח	דעת

---

[80] אפילו לאחר חזרה לתקופות חיים רבות, הם עדיין מתקנים את רמות הנפש, לאט ואחת אחרי השנייה

[81] כל המדרגות שלה

[82] קיימת מגבלה על כמה תיקון ניתן לבצע בתקופת חיים אחת

[83] הוא סיים את התיקון שלו ויחזור למקום הראוי שלו בעולם הבריאה

חסד	רוח
גבורה	רוח
תפארת	רוח
נצח	רוח
הוד	רוח
יסוד	נפש

כל מדרגה של נשמה מתאימה לאחת האותיות של שם ה'.

מדרגת הנשמה	השם	
יחידה	י	קוצו של יוד
חיה	י	יוד
נשמה	ה	הא ראשונה
רוח	ו	וו
נפש	ה	הא שנייה

עיבור

כדי לעזור לאדם לעשות את התיקון של הנשמה שלו, נשמה אחרת עשויה להתחבר (עיבור) בו כדי לעזור לו לעשות את התיקון הנחוץ או לקיים את המצוות החסרות. כאשר הוא מקיים זאת, הנשמה יכולה להישאר עוד או לעזוב. המצווה החסרה יכולה להיות אחת שהוא בחר שלא לקיים[84] או כזאת שלא היה יכל לקיים בחייו הקודמים[85].

---

[84] הייתה לו האפשרות לקיים אותה אבל הוא לא עשה זאת

[85] לא הייתה לו האפשרות לקיים אותה, כמו מצוות ברית המילה אם לא היה לו בן עדיין וכו'

באופן כללי, הנשמה אשר מתחברת אליו היא היא ממקור גבוה וטהור יותר, מחבר משפחה, או מצדיק. כל עוד הוא עושה מעשים טובים, הנשמה יכולה להישאר מחוברת אליו, אבל אם הוא חוטא או גורם לנשמה המחוברת לאי נוחות, היא תעזוב.

יש לבוש (בגד או מעטפה), שהנשמה צריכה כדי להתחבר לגוף של אדם (גלגול), וכאשר נשמה אחרת מתחברת אליו (עיבור), היא עשויה להשתמש באותו הלבוש כדי להישאר בתוכו.

לעיתים הנשמה בכללותה אינה צריכה לחזור; במקום זאת, רק החלקים אשר צריכים להיות מתוקנים (על ידי קיום המצווה החסרה) יחזרו. לחילופין, חלקים שונים של נשמה אחת עשויים לעבור גלגול נשמות ביותר מאדם אחד באותה תקופת חיים כדי לבצע את התיקון.

יש ארבעה סוגי קיום בעולם שלנו
- דומם (מינרל) המתאים לעשייה
- צומח המתאים ליצירה
- חי המתאים לבריאה
- מדבר (אדם) המתאים לאצילות

האדם יכול לעבור גלגול נשמות באחד מארבעת סוגי הקיום הללו, כשהמינרל הוא העונש החמור ביותר בשל חוסר יכולתו לפעול. אבל באופן כללי, כדי לעשות את התיקון שלו, הוא לא יעבור גלגול נשמות כמינרל, ירק ורק לעיתים רחוקות כבעל חיים.

מטרתן של כל המערכות המורכבות הללו של גלגול נשמות היא אחת: לתת לאדם אפשרות להתעלות מעל המגבלה העיקרית שלו שהיא הזמן, על ידי כך שיחזור פעם אחר פעם כדי לבצע את התיקון של הנשמה שלו ויהיה ראוי למקום טוב יותר בעולם האמת.

פרק 9

+ההנהגה

רצון הבורא הוא להעניק טוב לברואיו; כל מדרגות הבריאה נקבעו כך שהחסד שלו יוכל להיות מואצל אליהן באופן מלא. ההנהגה של העולמות נעשית באמצעות ההשפעה של הספירות והפרצופים השונים.

הנהגה

יסוד האמונה ועיקר החכמה הוא יחודו העליון ית״ש, לפיכך זה מה שצריך לבאר ראשונה. וזה, כי כל חכמת האמת אינה אלא חכמה מראה אמיתת האמונה, להבין כל מה שנברא או שנעשה בעולם, איך יוצא מן הרצון העליון, ואיך מתנהג הכל בדרך נכון מן האל האחד ב״ה, לגלגל הכל, להביאו אל השלמות הגמור באחרונה. ופרטות החכמה הזאת הוא רק פרטות ידיעת ההנהגה בכל חקותיה ומסיבותיה. נמצא המונח הראשון של החכמה הזאת - שלכל מה שאנחנו רואים, בין בגופים הברואים ובין במקרים המתילדים בזמן, לכולם כאחד יש אדון אחד לבדו ב״ש, שהוא העושה כל זה, המנהג כל זה, שדרכי מעשיו והנהגתיו הוא מה שאנו מבארים ומודיעים בחכמה הזאת. אם כן זהו מה שיש לנו לבאר בראשונה, כ״ש שזה העניין עצמו הוא יסוד לבריאה עצמה, כמו שנבאר בעז״ה. ובהביננו זה העניין, נבין בדרך עיקר עניין הבריאה - על מה היא מיוסדת. על כן זה ודאי ראוי לבאר ראשונה רצה האי״ס ב״ה להיות מיטיב הטבה שלמה, שלא יהיה אפילו בושת למקבלים אותו. ושיער לגלות בפועל יחודו השלם - שאין שום מניעה נמצאת לפניו, ולא שום חסרון. לכן שם ההנהגה הזאת שהוא מנהג, שבה יהיה בפועל החזרת הרע לטוב, דהיינו במה שנתן בתחילה מקום לרע לעשות את שלו, ובסוף הכל כבר כל קלקול נתקן, וכל רעה חוזרת לטובה ממש. והרי היחוד מתגלה, שהוא עצמו תענוגן של נשמות.
(רמח״יל - קל״יח פתחי חכמה, פתח א-ד)

בתחילה[86], הבורא היה לבדו, ממלא את כל החלל באור שלו. הוא לא העניק את השפעתו מכיוון שלא היה מי שיקבל אותה. כאשר רצה לברוא, הוא התחיל להשפיע. חכמת הקבלה היא המדע היחיד המסביר לנו בפרטי פרטים את ההנהגה[87] האמיתית של העולם, כדי שנוכל להבין את רצונו.

---

⁸⁶ מדע הקבלה מתחיל רק לאחר הפעולה הראשונה של הבריאה הזו שהיא הצמצום
⁸⁷ על ידי תיאור כל ההאצלות של האנרגיות שלו, השינויים שלהן דרך הספירות והפעולות המרובות והמורכבות שלהן

רצונו של הבורא הוא להעניק טוב לברואים שלו; כל מדרגות הבריאה וההנהגה שלהם נקבעו כך שהחסד שלו יוכל להיות מואצל אליהם, וגם באופן כזה שהם יוכלו לקבל אותו.

אור ה' הוא ייחודי, בעל כוח ותכונה שווים ומעבר לכל תיאור. ההנהגה של העולם מתבטאת בסוגים שונים של תכונות כגון דין, רחמים וכו'. לכן האור הייחודי הזה משנה צורה או מסונן על ידי אורות אחרים, כדי לתת לו תכונות שונות או כוחות שונים להנהגה, המבוססת על מערכת של בחירה חופשית, עונש וגמול.

האורות המשניים האלה נקראים ספירות או פרצופים – תצורות, וגם תכונות של רצון ה'. ספירה היא, במובן מסויים, "מסננת" שכאשר האור הייחודי חודר אליה, היא משנה אותו לכוח או לתכונה מסויימת שבאמצעותה הבורא מנהיג את העולמות.

הקבלה מסבירה לנו בדיוק את ההנהגה האמיתית הזאת, וכיצד העולמות מונהגים על ידי מערכות הכוחות או האורות המאוד מורכבים האלה, אשר באמצעות האינטראקציות שלהם, מעוררים תגובות שרשרת שמשפיעות ישירות על האדם והעולמות. לכל אחת מהתגובות הללו יש השלכות רבות והרבה פרטים ותוצאות.

המערכת המורכבת הזו של כוחות או אורות הם התיקונים (פעולות) והזיווגים (החיבורים) השונים של הספירות והפרצופים על מנת להשפיע ולהנהיג באמצעות הסידורים והמיזוגים השונים שלהם.

יש שני סוגים עיקריים של הנהגה:

- ההנהגה הכללית, שהיא למטרת קיום העולמות, ואינה מושפעת מפעולות האדם.
הנהגה זו היא באמצעות הספירות המקיפות.
- ההנהגה המשתנה, המבוססת על משפט, שכר ועונש ותלויה בזמן ובפעולות האדם. הנהגה זו היא על ידי הספירות הליניאריות המסודרות

בשלושה עמודים : ימין, שמאל ואמצע, המייצגים את ההנהגה של העולם
באופן של חסד, דין ורחמים.

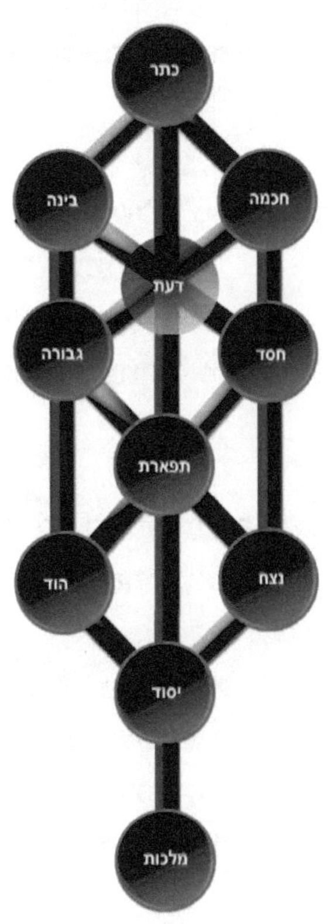

איור 25

חסד   רחמים   דין

ההנהגה מושפעת בעיקר מהמיקומים השונים והאינטראקציות השונות
של הפרצופים הזכריים והנקביים, מכיוון שיש להן השפעה ישירה על
המידה והאיזון של הגורמים של חסד, דין ורחמים. הפרצופים הזכריים

91

מעניקות חסד, הנקביים מעניקות דין. על ידי חיבורן, איזונים שונים של שני הכוחות של חסד ודין יוצרים את ההנהגה. דין מוחלט יהיה הרס של כל דבר שאינו מושלם, בעוד חסד מוחלט יאפשר כל דבר ללא הגבלה. עם זאת, שני ההיבטים הללו נחוצים להנהגה המבוססת על משפט, ובכדי לתת לאדם את האפשרות של בחירה חופשית.

ההנהגה מתגלה באמצעות שלוש מידות עיקריות:

- מידת החסד – עמוד ימני
- מידת הדין – עמוד שמאלי
- מידת הרחמים – עמוד אמצעי

מידת החסד

חסד נגלה בעיקר על ידי כל ההיבטים הזכריים של הפרצופים[88], הספירה חסד, על ידי הסתרות של ההיבטים של דין ועל ידי ההארות של האורות הגבוהים יותר.

ישנם זמנים מיוחדים של שפע במהלך השנה, כמו השבת והחגים. זה תלוי במיקומים השונים של הפרצופים[89]. כאשר הפרצופים הזכריים והנקביים הן פנים אל פנים, זוהי המדרגה האידיאלית והמתאימה להענקת השפע[90]. בתכונת השפע, ההנהגה היא מהעמוד הימני – עמוד החסד.

מידת הדין

דין נגלה בעיקר על ידי כל ההיבטים הנקביים כמו: השם ב"ן (52), הספירה גבורה ועל ידי כל ההסתרות של ההיבטים הזכריים המייצגים שפע.

ישנם זמנים מסוימים, או ימים של דין במהלך השנה[91]. זה תלוי במיקומים השונים של הפרצופים. בהיעדר זיווג, כאשר הפרצופים הזכריים והנקביים

---

[88] היבטים של השם של מ"ה (45)

[89] בגלל המיקומים של תצורות אלו בכל שנה באותו הזמן, ימים האלה מיוחדים

[90] פנים אל פנים מאפשר אפשרות של זיווג - איחוד

[91] כמו ימי צום

הן אחור באחור, הוא מתאים להעמדת פנים ודין. במידת הדין, ההנהגה היא מהעמוד השמאלי – עמוד הדין.

מידת הרחמים

במידת הרחמים, ההנהגה היא מהעמוד האמצעי – עמוד הרחמים. מידה זו יוצרת את האיזון בין המידות של דין ושפע, כדי לאפשר הנהגה יותר מאוזנת לקיום הנוכחי. ללא איזון זה, לא תהיה אפשרות להנהגה המבוססת על תגמול – שכר ועונש, המכונה גם הנהגה המשפט.

רצון

כל המקובלים מסכימים שאי אפשר להבין או לקבל אפילו מושג קלוש על מהותו של האין סוף, ההבנה שלנו אינה יכולה להגיע לרמה זו[92]. עם זאת, על ידי הבנת מערכות ההנהגה האלה, אנו יכולים ללמוד להבין את רצונו, כיצד ומדוע הוא ברא את העולם, באיזה אופן הוא מכוון אותו, מטרת קיומו של הרוע, הסיבות לדואליזם של שכר ועונש, וכו'. על ידי הבנת רצונו, אנו מבינים את חשיבות האדם, כי רק הוא, על ידי התקרבות לבורא ושמירת מצוותיו, יכול להשפיע על הכוחות האדירים האלה, אשר משפיעים ישירות על ההנהגה של העולמות.

הרצון להעניק

רצונו של הבורא הוא להעניק רק טוב לברואיו, ולגרום לכל הבריאה להשתתף בגילוי הייחודיות שלו בתום ששת אלפים השנים. כדי לתת לאנשים את אפשרות להיות ראויים, השפע שלו אינו מתגלה בפתיחות וגילויי ההיבטים של הדין הם בתוקף. אין קיום שאינו מורכב מההיבטים של השמות מ"ה (45) או ב"ן (52) ; המשפיע והמקבל, הזכרי והנקבי, שפע ודין וכו'. האין סוף, ב"ה, משפיע כאשר יש הסתה מהמקבל, האחרון מתאים להיבט הנקבי, המקבל של ב"ן (52). השפעה זו מועברת על ידי ההארות השונות של הספירות ואז לתוך העולמות.

---

[92] אך אנו יכולים ומותר לנו ללמוד כדי להבין את רצונו מזמן הבריאה

אלו הם האיזונים השונים של שני הכוחות של חסד ודין אשר יוצרים את ההנהגה. כאשר דין שולט, הנוקשות גוברת, כאשר השפע בתוקף, שלווה וחסד מוענקים. לכן, אנו רואים שכל מה שיש, וקורה, מורכב תמיד ממידה ואיזון משתנים של שני הכוחות האלה. בכך שהוא מאפשר לאדם להיות ראוי בזכות מאמציו להתקרב[93] לבוראו ולקבל את טובו, אנו רואים הדגמה ברורה מאוד של הצדק המושלם שלו.

הרצון לקבל

מטבעו, האדם עצמו הוא כלי (מקבל) עם רצון לקבל ללא גבולות, ומכיל אור רוחני; הנשמה שלו. ההנהגה המבוססת על רצון זה של קבלה בלבד, לא תאפשר לאדם היות ראוי בשל מאמציו ולהתקרב לבוראו. הכוחות הדואליים והמושכים האלה, של טוב ורע, משפיעים על בחירות האדם ועל הדרכים או המדרגות בהן הוא משרת את הבורא. באמצעות הבחירה החופשית שלו הוא יבחר את דרכו וישלוט בכוחות מנוגדים אלה. המטרה המושלמת עבור האדם היא לרומם את תשוקותיו הגופניות על ידי קידוש דרכיו, ולהדמות לבוראו, על ידי היותו נותן עם רצון להעניק טוב לכל.

בחירה חופשית

שני ההיבטים העיקריים של ההנהגה הנוכחית, שהם חסד ודין, נועדו כדי לתת לאדם את האפשרות לשרת את הבורא מרצונו החופשי. בבריאה, כאשר שבירת שבע הספירות גרמה לנזק חשוב, ה׳ האציל אורות מהיהבט של השם מה (45) כדי לתקן את ההתדרדרות שנגרמה על ידי זרם לא מאוזן זה של אנרגיות. הוא יכול היה לעשות את התיקון המלא של כל העולמות בהאצלה אחת, אבל אז לא הייתה סיבה להשתתפות האדם בתיקון זה.

כדי לתת לאדם את האפשרות לפעול ולתקן את הבריאה, ה׳ ריסן כביכול את זרם החסד שלו לעולם הזה, כדי לאפשר לאנשים להיות ראויים על ידי

---

[93] על ידי שמירת מצוותיו ועל ידי התפילות

עשיית התיקון[94] באמצעות הבחירה החופשית שלהם. בעוד שלמעשיו הטובים של האדם יש השפעה על ארבעת העולמות העליונים, למעשיו הרעים יש השלכות על ארבעת העולמות התחתונים מצד הרע.

רק כאשר האדם חוטא, הצד השלילי יכול לגדול במלוא הכוח. שורשו של הסטרא אחרא (הכוח השלילי) נמצא בחסרון או בהעדר הקדושה. קיומו היה רצוי על-ידי הבורא, כדי לתת לאדם בחירה חופשית.

הדחף הטוב והרע

כוחות אלו של טוב ורע, חיובי ושלילי, נמצאים במאבק מתמיד במדרגה של עולם העשייה (העולם הגשמי שלנו). בתוך האדם, הכוחות האלה הם : יצר הטוב המתאים לטוב, או לדחף החיובי שלו, ויצר הרע המתאים לרע, או לדחף השלילי שלו. ההיבט שלילי זה (יצר הרע שלו) גדל בתוך האדם, מנתק אותו מהעולמות הגבוהים יותר, ועוקר אותו מהקדושה. הוא מנסה כמעט בקביעות לפתות אותו ולגרום לו למעוד, בעוד יצר הטוב (ההיבט החיובי), מצד שני, מנסה למשוך אותו לתורה ולמצוות ולעזור לו לעשות את התיקון של הנשמה שלו.

ללא שני ההיבטים הללו של יצר טוב ויצר הרע, אנשים יהיו כמו מלאכים, ללא כוח להחליט על פעולותיהם או על שירותם לבורא. לכן, הם לא יזכו להיות ראויים או לא כשיבחרו טוב במקום רע, או כשישמרו את מצוותיו.

בחירה חופשית גם יוצרת מערכת של משפט מושלמת, לפיה אנשים ייענשו או יגמלו על פי החלטותיהם והבחירה החופשית שלהם.

---

[94] להחזיר למעלה את הניצוצות שנפלו

השמות של ה׳

הכוחות או האנרגיות אשר יוצרים או משפיעים על ההנהגה מזוהים או
מתוארים גם כשמותיו השונים של האין סוף. השמות העיקריים הם :

- ● י-ה-ו-ה
- ● אין סוף
- ● אדנ- י
- ● אהי-ה
- ● אלוה-ים

אהי-ה	**כתר**
י-ה	**חכמה**
י-ה-ו-ה	**בינה** '
אהו-ה	**דעת**
אל	**חסד**
אלהי-ם	**גבורה**
י-ה-ו-ה	**תיפארת**
יהו-ה -צבאות	**נצח**
אלהי-ם צבאות	**הוד**
שד- י	**יסוד**
אדנ- י	**מלכות**

תמונה 26

אין סוף

אין סוף – ללא גבול, או האינסופי, זהו השם הנפוץ ביותר לה׳ בקבלה. מכיוון שהאור או האנרגיה שלו אינם ניתנים למדידה על ידי אף הגדרה או מונחים מגבילים כלשהם, אנו משתמשים בשם ״אין סוף״ שכן אנו יודעים ומודים בכך שה׳ והמושג של ללא גבולות או ללא סוף הוא מעבר להבנתנו האנושית. שם זה מייצג חסד.

אדנ-י

שם זה מייצג את ההיבט הנקבי של ה׳ – השכינה. יש לו היבט של דין והוא מיוצג על ידי ספירת מלכות. הוא מייצג גם את הפרצופים הנקביים של רחל ולאה. כיוון שתפילות האנשים מופנות תחילה לספירת מלכות קודם שניתן להעבירן גבוה יותר, שם זה מייצג גם את הקשר הקרוב ביותר בין האדם לבוראו.

אהי-ה

שם זה מייצג את ההיבט הזכרי הגבוה יותר של ה׳, ומיוצג על ידי הספירה כתר. הוא מראה חסד יחד עם יראת הכבוד של ה׳.

אלוה-ים

אחד משמות ה׳, המיוצג על ידי הספירה גבורה. באופן כללי, הוא מציין את הדין בפעולות ה׳.

י-ה-ו-ה

השם העיקרי של ה׳, מגלה חסד ורחמים, מיוצג על ידי הספירה תפארת. כל מה שנברא, מקורו בארבע האותיות הללו. רוב ההנהגה נגלית על ידי שם זה ובאיותיו (ובמילואיו) השונים המרכיבים שמות נבדלים וחדשים

על ידי מילוי כל אחת מארבע האותיות של שם זה באופן שונה,
הגימטריה של השם משתנה, וכל אחת מהאפשרויות הללו הופכת שונה
בטבעה ובפעולותיה.

52	ב״ן
45	מ״ה
63	ס״ג
72	ע״ב

ארבעת המילויים הם :

	ה	ו	ה	י	
	הי	ויו	הי	יוד	ע״ב
72 =	15	22	15	20	
	הי	ואו	הי	יוד	ס״ג
63 =	15	13	15	20	
	הא	ואו	הא	יוד	מ״ה
45 =	6	13	6	20	
	הה	וו	הה	יוד	ב״ן
52 =	10	12	10	20	

ניתן לחלק כל שם לתתי חלוקות כדי לתאר ביתר דיוק את התוצאות
השונות וההתגלויות של האנרגיות הללו :

ע״ב של ע״ב, ס״ג של ע״ב, מ״ה של ע״ב ...
ב״ן של ב״ן ש ס״ג, ס״ג של מ״ה של ע״ב וכו'.

האורות או הכוחות הלבושים באותיות אלה או בצירופיהן מאצילים
תצורות זכריות או נקביות אשר יוצרים את ההנהגה של העולמות.

פרק 10

תפילה

סדר התפילות מבוסס על מערכות ההתעלות של העולמות, כפי שהוסבר בקבלה. בבחינה זאת, אנו מבינים כי לתפילות שלנו יש השפעה ישירה על העולמות העליונים ועל הנהגתם. כאשר אדם מבין את המערכות והפעולות של התפילות, הוא מבין את חשיבות המנהגים שלנו, מפני שרק האדם באמצעות תפילות וביצוע המצוות, יכול להשפיע על הכוחות האדירים של ההנגה.

תפילה

ענין התפילה הוא, כי הנה מן הסדרים שסידרה החכמה העליונה הוא, שלהיות הנבראים מקבלים שפע ממנו ית', צריך שיתעוררו הם אליו ויתקרבו לו ויבקשו פניו. וכפי התעוררותם לו כן ימשך אליהם שפע, ואם לא יתעוררו לא ימשך להם. והנה האדון ב"ה חפץ ורוצה שתרבה טובת ברואיו בכל זמניהם, והכין להם עבודה זו דבר יום ביומו, שעל ידה ימשך להם שפע ההצלחה והברכה כפי מה שהם צריכים לפי מצבם זה בזה העולם.

ואמנם עומק יותר יש בענין, והוא, כי הנה האדון ב"ה נתן לאדם דעה להיות מנהג עצמו בעולמו בשכל ובתבונה, והעמים המשא עליו להיות מפקח על צרכיו כולם. והענין הזה מיוסד על שני שרשים, האחד – ליקרו של האדם וחשיבותו, שניתן לו השכל והדעה הזאת להיות מנהל את עצמו כראוי. והשני – להיות לו עסק בעולם וליקשר בעניניו, וזה ממה שמקיימו במצבו האנושי שזכרנו למעלה, שהוא דרך חול ולא קדש, והוא מה שמצטרך לו בזמנו זה כפי סדרי ההנהגה. והנה זה באמת מצד אחד ירידה לו ולעניננו, אבל היא ירידה מצטרכת לו וגורמת לו עילוי אחרי כן, כמבואר בחלק א'.

ואולם כמו שירידה זו מצטרכת לו לפי ענינו בעולם הזה, הנה מצד אחר צריך שלא תרבה יותר ממה שראוי, כי הנה כפי מה שירבה להסתבך בעניני העולם, כך מתרחק מן האור העליון ומתחשך יותר. והנה הכין הבורא ית' תיקון לזה, והוא מה שיקדים האדם ויתקרב ויעמוד לפניו ית', וממנו ישאל כל צרכיו ועליו ישליך יהבו, ויהיה זה ראשית כללי ועיקרי לכל השתדלותו, עד שכאשר ימשך אחר כך בשאר דרכי ההשתדלות שהם דרכי ההשתדלות האנושי, לא יקרא שיסתבך וישתקע בגופניות וחומריות, כיון שכבר הקדים ותלה הכל בו ית', ולא תהיה ירידתו ירידה רבה, אלא תסמך על ידי התיקון הזה שקדם לה.

והנה היה מחסדו ית' לתת לאדם מקום שיתקרב לו ית', אע"פ שכפי מצבו הטבעי נמצא רחוק מן האור ומשוקע בחשך. והיינו שנתן לו רשות שיעמוד לפניו ויקרא בשמו, ואז יתעלה מן השפלות אשר לו בחוקו, לפי שעה, וימצא

מקורב לפניו ומשליך עליו יהבו כמ״ש. והנה זה חומר התפלה, שאסור
להפסיק בה כלל, מפני היות בה האדם בקורבה גדולה אליו ית׳. וכן סודר
בה ההפטר בסופה והלך לאחוריו ג׳ פסיעות, והוא שוב האדם אל מצבו
התמידי כמו שמצטרך לו בשאר כל זמנו.

ואמנם הודיעונו ז״ל התנאים הפרטים הצריכים להתלוות אל התפלה
להשלים עניינה, בין במה שנוגע אל הקריבה הזאת שזכרנו, בין מה שנוגע אל
המשכת ההשפעות, וכפי כל זה סידרו לנו התפלה בברכותיה וחקקו לנו כל
דיניה והלכותיה.

והנה כל זה שביארנו עד הנה בקריאת שמע ובתפלה הוא לפי ענין המצוות
האלה כפי מה שהם. אמנם עוד סידרו לנו מסדרי התפלה, הסדר הראוי
להשלים גם בעד עבודת הקרבנות החסרה ממנו עתה, והוא מה שמצטרך
לפי חידוש כל יום מהימים כפי חוקות הזמן בכל חלקיו.

(רמח״ל – דרך ה׳, חלק ד, פרק ה)

סדר התפילות מבוסס על מערכות ההתעלות של העולמות, כפי שהוסבר
בקבלה. המטרה של התעלות עולמות זו היא לעורר חיבור בין הפרצופים
הזכריים והנקביים, כדי שיוכלו להעניק אנרגיות חיוביות כתוצאה
מההרמוניה הזאת. ברמת תפיסה זו , אנו מבינים כי לתפילות שלנו יש
השפעה ישירה על העולמות העליונים ועל הנהגתם.

החל בפעולה הראשונה בבוקר של נטילת ידיים (נטילת הידיים שלוש פעמים
לסירוגין), עד סוף התפילה[95], יש עלייה מתמדת והדבקה של עולמות
העשייה, היצירה והבריאה אל העולם הרביעי, הגבוה ביותר, שהוא עולם
האצילות. זה נעשה על ידי היכלות; אלה הן מדרגות שונות של העלייה של
התפילות לפני ההגעה אל עולם האצילות במהלך העמידה. תפקידן העיקרי
הוא לאפשר את הדבקות וההתקשרות של עולמות אלה בסדר מדויק.
במהלך התפילות, כאשר אדם מכיר את המערכת העלייה הזו של ההיכלות,

---

הוא מתרכז במילים או בשמות, שבאמצעותם נרמזת פעולתו המדויקת של ההיכל אשר מבצע את העלייה הזאת.

כדי להגיע מעולם אחד למשנהו, שם מ״ב (42), אשר נרמז במהלך הקדיש, הופך את העלייה הזו לאפשרית. שם סודי זה של מ״ב (42) אותיות נעשה עם ארבע האותיות של השם י-ה-ו-ה, המילוי (איות) של כל אחת מארבע האותיות לסך של עשר אותיות, והמילוי של כל אחת מהאותיות הללו לסך של עשרים ושמונה. השם הזה נרמז כאשר אנו עונים יהא שמיה ... עד בעלמא. הקדיש מאפשר את עלייתו של כל עולם לעולם הגבוה הבא ולאחר מכן את הירידה מעולם האצילות לעשייה.

היכל	ספירה	
ראשון	לבנת הספיר	יסוד - מלכות
שני	עצם השמים	הוד
שלשי	נוגה	נצח
רביעי	זכות	גבורה
חמישי	אהבה	חסד
שישי	רצון	תיפארת
שביעי	קדש קדשים	בינה, חכמה, כתר

איור 28

מטרת כל התפילות היא לעזור להכין את הפרצופים הזכריים והנקביים[96] השונות עבור הזיווג שלהן. רק ברגע שהן מתאחדות, ה״עבודה״ שלנו נעשית, ובגלל ההרמוניה הגבוהה הזו, אנו יכולים כעת לקבל מלמעלה. יכול להיות שפע רק כאשר פרצופי הזכר והנקבה נמצאים בהרמוניה מלאה. בכל יום, על פי פעולות האדם, התפילות במהלך השבוע, בשבת או בחגים,

---

[96] תצורות גבריות של ז״א או יעקב עם תצורות נקביות של רחל או לאה

ולפי הזמן, תצורות שונות מאפשרות זיווגים שונים[97] וכתוצאה מכך זרימות של שפע בעוצמות משתנות.

לכל יום חדש יש האצלה חדשה השולטת בו. לכל יום, קיימות תצורות חדשות מהיבטים שונים של הפרצוף הזכרי - ז"א והנוקבא שלו.

יום שלם מחולק לשניים: יום ולילה; וכל חצי מחולק שוב לשניים (שחר ויום, בין הערביים ולילה[98]). עבור כל חלק, יש תפילה, עבור שני חלקי היום - שחרית ומנחה, ועבור שני חלקי הלילה - ערבית ותיקון חצות[99].

באופן כללי, הזיווגים של הפרצופים הם:

- שחרית[100] — יעקב ורחל
- מנחה[101] — ישראל ולאה
- ערבית[102] — יעקב ולאה (מהחזה ומעלה)
- תיקון חצות[103] — פרצופי יעקב ולאה (מהחזה ומטה)
- חיבור הפרצופים ישראל ורחל מתממש במהלך תפילת מוסף בשבת ובאירועים מיוחדים אחרים.

כאשר האדם מבין את המערכות ואת הפעולות של התפילות, הוא מבין את החשיבות של המנהגים שלנו, מפני שהאדם, על ידי התפילות, פועל ישירות על כוחות אדירים אלה.

כוונה

כדי להגיע לתפקיד פעיל יותר בחיבור של הפרצופים השונים, צריך להבין ולכוון בעת התפילה. ישנן מדרגות שונות של כוונה - ריכוז. הכוונה הבסיסית ביותר היא להבין את המילים, ולהתרכז בכוונה של הברכה או

---

[97] שונים גם במקום הזיווג שלהן
[98] אמצע הלילה
[99] המשמעות של חצות היא חצי. מזריחת השמש ועד השקיעה מחולק לשניים, אנחנו מוסיפים שתים עשרה שעות כדי לקבל את ה"אמצע" הלילה.
[100] תפילת הבוקר
[101] תפילת אחר הצהריים
[102] תפילת הערב
[103] תפילת אמצע הלילה

התפילה. המדרגה הגבוהה יותר היא לבצע מדיטציה על המערכות השונות של תמורות השמות והפרצופים כדי לקבל פעולה או תוצאה מסוימת. לכל מילה או חלק בתפילות יש פעולה או מטרה משלה. פעולות אלה מתפתחות על ידי ריכוז בשמות השונים של ה׳, הכינויים שלהם וסידורים אחרים של האותיות[104].

כאשר מברכים עם הכוונה הקבלית על המילים או השמות המתאימים, אנו פועלים ומשתתפים ישירות בתיקון הפעולה או הדבר המבורך. מטרתן של רוב הברכות הנאמרות לפני ואחרי האוכל או השתייה היא לשחרר את הנשמות שעברו גלגול נשמות באלמנטי מזון אלה.

כאשר מתפללים, חשוב להיות חלק ממניין – קבוצה של מינימום עשרה גברים. ללא המספר המינימלי הזה, לא ניתן לומר את הקדיש וחלקים חשובים אחרים של התפילה. לתפילת שחרית, אדם צריך ללבוש טלית ותפילין קשורים על הראש ועל יד שמאל.

בשער הכוונות האר״י מסביר את הסודות של התפילות והשיטות של הכוונות. הריכוז שמרומם את התפילות והמצוות כדי לבצע את הזיווגים[105] והיחודים[106] השונים, ולהשתתף ולעזור בתיקונים השונים של הבאת השפע וההרמוניה של העולמות.

יש הפרש ושינוי גדול בין התפילות

״עניין הק״ש (קריאת שמע) והתפילה שמתפללין בכל יום תמיד ג״פ ערב ובקר וצהרים בחול ובשבת ויו״ט, דע לך כי יש הפרש ושינוי גדול בין התפילות של חול אל תפלת השבת ור״ח ואל תפילת היו״ט ואל חול המועד. ולא עוד אלא אפילו בימים טובים עצמם, אין תפילת חג הפסח דומה לתפלת החג השבועות, או לתפילת החג הסוכות וכיוצא בזה, ולא עוד אלא כי גם בכל יום ויום בעצמו אינו דומה תפילת השחר

---

[104] כפי שהוסבר על ידי האר״י ז״ל בספרו שער הכוונות ובסידור הרש״ש
[105] איחוד של אנרגיות גבוהות יותר
[106] איחוד של שמות קדושים

לתפילת המוסף או לתפלת מנחה או לתפלת ערבית. ולא עוד אלא שבימי החול עצמם, יש שנוי גדול בין תפלת יום זה לתפלת יום שלאחריו, ולא ראי זה כראי זה, ואין לך שום תפלה מיום שנברא העולם עד סוף העולם שתדמה לחברתה כלל ועיקר.

והענין בקיצור הוא לפי שתכלית מצות התפלה היא לברר הבירורין של השבעת מלכי אדום שמתו, ובכל יום ויום ובכל תפלה ותפלה מתבררים ברורי נצוצות חדשות שלא נתבררו מעולם עד העת ההיא. ובכל תפלה ותפלה מתבררים ניצוצות שעדיין לא עלו בשום זמן, והנה כפי ערך הניצוצות המתבררות ועולות ממטה למעלה בכל תפלה ותפלה, כן כפי ערך ההוא הוא ערך הזווג העליון ולקחתם המוחין והמשכתם, וז״ס טעם החיוב הגדול המוטל עלינו להתפלל בכל יום ובכל שעה, לפי שבכל תפלה ותפלה נעשין בחי׳ מחודשות מה שלא נעשית בשום תפלה אחרת זולתה.

וגם כי על הדרך הזה הוא ענין מצות הק״ש שנצטוינו לקרותה בבקר ובערב בכל יום תמיד, לפי שבכל ק״ש נעשה דבר מחודש למעלה מה שלא נעשה כן בק״ש אחרת זולתה מעולם. האמנם כל זה הוא בבחי׳ הפרטי׳ אמנם בדרך הכלל יתבאר לפנים בע״ה. וגם נתבאר למעלה איך כל הק״ש וכל התפלה של שחרית בימי החול יש להם כונה אחד בדרך כלל, וכן כל התפלות דמנחה דחול כוונה אחד להם, וכן כל הק״ש והתפלי׳ של ערבית דחול כוונה אחד להם, וכעד״ז בשבתות ובר״ח ויו״ט והבן זה מאד.

ובדרוש התפילי׳ למה אנו מניחין התפילין ביום ולא בלילה כו׳.

בכל תפלתינו אנו מעלים העולמות העליונות

גם דע כי בכל תפלתינו אנו מעלים העולמות העליונות ומקשרים אותם זה בזה כנזכר בפ׳ בראשית בענין ההיכלות, וג״כ בפ׳ פקודי, אבל צריך שתדע כי אין אנו יכולים להעלות עולמות בי״ע עד האצילות לכלול אותם שם, אלא מבחי׳ הנפשות והרוחין והנשמות אשר בג׳ עולמות אלו. ואלו הם העולים

עם השכינה למעלה שהיא המלכות העליונה וכמ״ש בתפי׳ ר״יה, כי הנשמות הם יותר פנימיי׳ מן המלאכים, ולכן המלאכים אינם עולים רק בשבת לבד.
(אריז״ל, שער הכוונות)

תפילין - טלית

מאחר שהמטרה היא לגרום לחיבורן של הפרצופים הזכריים והנקביים העליונים, האדם צריך ״להידמות״ פיזית לפרצוף הזכרי הגבוה ביותר, כלומר, את פרצוף זעיר אנפין. התפילין על הראש מייצגים את האורות המנהיגים שהוא מקבל מהפרצוף העליון של אמא; התפילין על היד מייצגים את הפרצוף הנקבי אשר מתחבר לזרועו השמאלי. הטלית מייצג את האורות המקיפים אותו, שניתנו גם הם על ידי פרצוף אמא.

שהפרצוף זעיר אנפין מקבל את האורות המנהיגים שלו מהפרצוף העליון של אמא והם נכנסים לראשו, הם נובעים מהמצח כלפי חוץ בארבעה אורות שונים. התפילין על הראש מייצגים אורות אלו; הם כוללים ארבעה תאים, כל אחד מכיל חלק של טקסט מהתורה, כתוב על קלף.
כל אחד מארבעת האורות האלה גם מוציא החוצה היבט של לבוש, שהם ארבעת התאים (הבתים) עבור הפרשיות.
המוחין הם אורות מנהיגים המהווים עשר ספירות, התפילין הם ייצוג של עשרה אורות:
ארבעת התאים (הבתים) על המצח הם הספירות חב״ד – חכמה, בינה ודעת (אשר מחולקת לשניים).

שתי הרצועות בצד הראש הן הספירות חסד וגבורה.
הקשר מאחור הוא ספירה תפארת.
שתי הרצועות היורדות בצדדים הן ספירות נצח והוד: נצח עד החזה והוד עד הטבור.
הקשר העושה את הי׳ על התפילין של היד הוא ספירת יסוד של פרצוף ז״א. משם (הזרוע של ז״א), מתחילה הבנייה של הפרצוף הנוקבא.

התפילין על הזרוע מייצגים את הפרצוף הנוקבא רחל. סדר הפרשיות הוא כמו בתפילין שעל הראש, אלא רק בקלף אחד.

שלוש הכריכות סביב שריר הזרוע מקבילות לשלוש הספירות הראשונות של נוקבא. שבע הכריכות על היד מתאימות לשבע הספירות התחתונות יותר.

שלוש הכריכות על האמה מתאימות לנה״י (נצח, הוד ויסוד) של ז״א, אשר נכנסות לתוך הנוקבא כדי להפוך למוחין שלה – אורות מנהיגים. מאחר שפרצוף ז״א מקבל שני סוגים של אורות מנהיגים, אחד מפרצוף אבא ואחד מאמא, ישנם שני סוגים של תפילין:

- תפילין של אמא (מוחין דאמא) נקראים תפילין של רש״י. הם מהסוג הרגיל שכולם לובשים.
- תפילין של אבא (מוחין דאבא) נקראים תפילין של רבנו תם. נלבשים רק על ידי מעטים, יחד או לאחר התפילין של רש״י.

ההבדל הוא בסדר הכתיבה של ארבע פרשיות התורה.

כל ענין התפילות, בין אם פיזי או רוחני, הוא בעל משמעויות עמוקות וחיוניות מאוד להמשכת כוחות חשובים ועוצמה לאדם המתפלל והעולם. חבל שהמנהגים העוצמתיים והיפים האלה נתפסים בטעות כ-״דקלומים פולקלוריים״ מסוג ״הדברים שצריך לעשות״, כאשר משתתפים בתפילה בבית כנסת בלי הבנה.

על ידי השתדלות להבין את המשמעויות העמוקות יותר של הכוחות אלה, האדם יגלה הגדרה חדשה לגמרי, וסיבה לקשר המיוחד שלו עם העולמות העליונים ועם בוראו.

שער הכוונות

כתבי האר"י

בשער הכוונות האר"י מסביר את הסודות של התפילות והשיטות של הכוונות. הריכוז שמרומם את התפילות והמצוות כדי לבצע את הזיווגים[107] והיחודים[108] השונים, ולהשתתף ולעזור בתיקונים השונים של הבאת השפע וההרמוניה של העולמות.

לחבק שתי ידיך

יש שינוי אחר בשלש התפלות הנז' והוא זה כי בתפלת שחרית בעת העמידה בלבד שאתה מתפלל תפלה י"ח בלחש, אתה צריך לחבק שתי ידיך ולהניח יד ימינך על יד שמאלך, פני כף ימין ע"ג אחורי כף שמאלית.
גם צריך שתזהר בענין סגירת העינים בכל ג' התפלות ממש ע"ד החילוק הנז' בענין חיבוק ב' הידים, והענין הוא כי תעצום ותסגור עיניך בשחרית ובמנחה בעת העמידה בלבד, ובתפלת ערבית תסתום עיניך בכל התפלה בין בברכו' ק"ש ובין בתפלת העמידה.

אסור לאדם להתפלל תפילתו בעצבון

אסור לאדם להתפלל תפילתו בעצבון, ואם נעשה כך אין נפשו יכול לקבל האור העליון הנמשך עליו בעת התפילה. אמנם בעת שמתודה הוידוי ומפרט חטאיו אז טוב להתעצב בלבד אבל בשאר התפילה נמשך לו נזק נפלא גדול על ידי עצבותו. אבל צריך להראות לפניו ית' הכנעה גדולה באימה ויראה, אמנם תהיה בשמחה יתירה וגדולה בכל האפשר כדמיון העבד המשמש את רבו בשמחה יתירה.

ואם משמשו בעצבות עבודתו נמאסת לפניו וכמעט שעיקר המעלה והשלמות והשגת רוח הקודש תלויה בדבר זה, בין בעת תפילתו ובין כשעושה איזה מצוה משאר המצות, וכמו שאמרו בגמרא מההוא דהוה

---

[107] איחוד של אנרגיות גבוהות יותר
[108] איחוד של שמות קדושים

קבדח טובא כו' ואמר תפילין קא מנחנא. ואל תבוז לענין זה כי שכרו גדול מאד.

לקבל עליו מצות ואהבת לרעך כמוך

קודם שהאדם יסדר תפילתו בבית הכנסת מפרשת העקידה ואילך, צריך שיקבל עליו מצות ואהבת לרעך כמוך, ויכוין לאהוב כל אחד מבני ישראל כנפשו, כי עי"יז תעלה תפילתו כלולה מכל תפילות ישראל ותוכל לעלות למעלה ולעשות פרי. ובפרט אהבת החברים העוסקים בתורה ביחד, צריך כל אחד ואחד לכלול עצמו כאלו הוא אבר אחד מן החברים שלו.

ובפרט אם יש להאדם ידיעה והשגה לדעת ולהכיר לחברו בבחינת הנשמה. ואם יש איזה חבר מהם בצרה, צריכים כולם לשתף עצמם בצערו, או מחמת חולי או מחמת בנים ח"ו ויתפללו עליו. וכן בכל תפילותיו וצרכיו ודבריו ישתף את חברו עמו, ומאד הזהירני מורי ז"ל בענין אהבת החברים שלנו של חברתינו. גם הזהירני מאד מורי ז"ל שלא להכניס האצבע לתוך האזנים כדי לנקות הזוהמא שבהם בתוך התפלה כלל, מהתחלת הברכות עד גמר עלינו לשבח, ואם עשה כך צריך נטילה.

לתקן ד' עולמות

על הנז' בסדר חילוק תפילת השחר דחול. הנה תחילה צריך לתקן ד' עולמות אבי"יע עי"י מצות מעשיות שאנו עושים למטה בעה"יז, וכונת התיקון הזה הוא לתקנם במקומם עצמם, שהקליפה אשר סביבותיהם שנתאחזו בהם בלילה יתפרדו עתה מהם, לפי שהוא יום ואין הקלי' גוברת. והנה תחילה נוטל אדם ידיו שחרית ויכוין כי עי"י נטילה זו נפרדים הקליפה דג' אחרו' דעולם העשיה ונפרדים מהם בבחינת החיצוניות. ואחר כך יפנה ויעשה צרכיו ועי"יכ יתקן גם הפנימיות ג' אחרונות דעולם הנעשיה הנז'.

כי הנה בעולם העשיה יש אחיזת הקלי' אפי' בפנימיות כנודע, כי בעשיה ויצירה יש תערובות טוב ורע, ועי"י מה שנפנה גורם להפריד ולהוציא הקלי' מן פנימיות דעשיה. והנה עי"י ב' דברים אלו שהם יטול ידיו, ויפנה נתקנו ג'

אחרונות דעשיה בבחי' אור פנימי מבחינת חיצוניות ופנימיות שבהם. ואמנם ע"יי שני ברכות שמברכין ענ"יי, כשנוטל ידיו ואשר יצר כשיפנה נתקן אוה"יימ שלהם בבחינת פנימיות ובבחינת חיצוניות כנודע, כי כל מצוה הנעשית בדיבור ובהבל הפה הוא בחינת אור מקיף.

והרי נתקנו ג' אחרונות דעשיה במקומם עצמי בבחינת חיצוניות ובבחינת פנימיות ע"יי ב' מעשים הנז'. ואח"יכ ע"יי ב' הטליתות טלית קטן וגדול הם שני תיקונים אל ג' אחרונות דעולם היצירה כנודע, כי סוד טלית היא במטטרו"יין אשר ביצירה כנז' בפ' פנחס דף רכ"יו ע"יב בר"ימ.

כאשר האדם איזה פעם מתבטל מלהתפלל

בד' אותיות של הויה ואלו הם תפילה וציצית ותפילין וק"יש, דע כי ד' כוונות יש בד' מצות הרמוזות בד' אותיות הויה. וטוב הוא לכוין בהם תמיד באופן שנבאר, הנה לפעמים האדם מבטל א' מד' מצות הנז' בשוגג או אפי' במזיד, וארבעתן הם מ"יע מן התורה.

וכאשר האדם איזה פעם מתבטל מלהתפלל ביטל מ"יע, שנאמר ועבדתם את ה' אלקיכם זו תפלה, והעובר על מצוה זו פוגם בה' אחרונה של הויה, והמבטל מצות ציצית פוגם באות ו' של הויה, והמבטל מצות תפילין פוגם בה' ראשונה של הויה, והמבטל ק"יש פוגם באות י' של ההויה. הרי ארבעתן כסדרן מלמטה למעלה וכדי לתקן הפגמים הנז', צריך האדם לייחד ד' יחודים שנזכיר כל יחוד כפי הפגם שכנגדו.

פרק 11

כוח הרע

קיימת "מערכת שנייה", נגדית אל מערכת הקדושה, הנקראת סטרא אחרא – הכוח הרע. הקליפות שלה חוסמות את האורות של הספירות, מסתירות את האדם מהשורש שלו ומהאור. לספירות יש שורשים משלהן בקדושה של האין סוף; השורש של הכוח השלילי הוא בחסרון או בהעדר קדושה זו. בגלל המעשים הרעים של האדם, הקליפות השליליות משיגות את כוחן ועושות נזק ורע בעולם על ידי חיבורם לאורות העליונים.

רע – סטרא אחרא

וצריך שתדע כי הנה אע"פ שבאמת סבת כל ענייני הטוב בכל מקום שהם, פירוש – בין בכחות בין בתולדותיהם, הנה היא הארת פניו יתברך שמו כמ"ש, וסבת הרע בכל מקום שהוא, העלם הארתו, אמנם לטוב יתואר האדון ב"ה בשם סבה ממש לכללו ולפרטיו, אך לרע לא נתארהו ית"ש סבה ממש, כי אמנם "אין הקב"ה מיחד שמו על הרעה", אלא העלם אורו והסתר פניו יחשב לשורש לו, כי זהו סבתו באמת, וזה על צד העדר הטוב.

אבל לפרטי ענייניו במציאותם, הנה האדון ב"ה שהוא כל יכול ואין לחפצו מניעה ולא ליכולתו גבול כלל, ברא שרש ומקור פרטי, מכוון בו התכלית הזה של הוצאת פרטי ענייני הרע, כפי מה ששיערה החכמה העליונה היותו מצטרך למצב הנרצה באדם ובעולם. והוא מה שאמר הכתוב, יוצר אור ובורא חשך עושה שלום ובורא רע. וענין השורש הזה הוא כלל כחות שונים, ישתלשלו מהם ענייני החסרון והרעות כולם בכל בחינותיהם, בין מה שנוגע לנפש בין מה שנוגע לגוף, בכל פרטיהם למחלקותם.

והנה כלל הכחות האלה מתנהג לפעול או שלא לפעול, בין בכלו בין בחלקיו, אחר העלם אורו ית' והסתר פניו, כי כפי שיעור ההעלם, כך בשיעור זה תנתן שליטה וממשלה אל כלל הכחות האלה, או אל חלקים ממנו שיפעלו. והנה בהתגבר הכחות האלה ובמשלם, יוכחש כח הטוב, ויתקלקל מצב הכחות שרשי הנבראים שזכרנו, ויתחלשו הם וענפיהם, וכשיוכנעו הכחות האלה ותנטל מהם השליטה והפעולה, יגבר הטוב, ויתוקנו שרשי הנבראים ויתיצבו במצב הטוב ויתחזקו הם וענפיהם.

ואולם כל מה שזכרנו מענייני הטוב והרע, ומלחמת השכל והחומר, וכל ענייני תיקון וקלקול, שרש כל העניינים כולם, הם התגברות הכחות האלה, והגיע ענינם ותולדתם בנבראים, בשרשים או בענפים, או הכנעתם וביטול פעולתם, והסיר ענינם ותולדותם מן הנבראים, שרשים וענפים.

והנה חילוקי מדריגות הרבה יש בענין כחות הרע שזכרנו והנשפע מהם.
ובדרך כלל נקרא לנשפע מהם, טומאה, חשך, וזוהמא, או חול, וכיוצא.
ולנשפע מהארת פניו ית' נקרא, קדושה, וטהרה, אור, וברכה, וכיוצא בזה.
אבל בהבחנת פרטי הענינים, נבחין מיני הסוגים האלה ופרטיהם, שעליהם
סובבת כל ההנהגה שהאדון ב"ה מנהג את עולמו.
(רמח"ל – דרך ה', חלק א פרק ה)

קיימת מערכת "שנייה" הנקראת "ס"א - סטרא אחרא[109]" – כוח הרע.
למרות שזהו ההפך של כל דבר טוב, חשוב להבין שמקור הרע הוא
מהאצלה של האורות העליונים[110], ולכן, אין לס"א באמת רשות עצמאית
מלאה. הוא מזין את עצמו מהקצוות התחתונים של הקדושה, וזקוק
לאישור מלמעלה כדי לפעול.

יש באמת רק רשות אחת יחידה במינה ומלאה, והיא זו של הבורא.
בבריאה, כאשר עשר הספירות הנקביות מההיבט של השם ב"ן (52) יצאו
מעיני אדם קדמון, שלוש הספירות הראשונות– כח"ב (כתר, חכמה, בינה)
- יכלו לעמוד בסידור שלושת העמודים. אולם, שבע הספירות התחתונות
יותר לא עמדו בסדר הזה; הן לא היו מסוגלות לשמור על האורות שלהן
וכתוצאה מכך נשברו. זה היה חוסר השלמות או הנזק הראשון בבריאה.
רק כאשר יש שלושה עמודים, בהם עמוד הרחמים עומד בין העמודים חסד
ודין, שלושתם יכולים להתחבר ולהקשר יחדיו לאיזון הרמוני.

סידור בלתי מושלם זה הוא המקור הראשון של הכוח השלילי או רע. סוג
זה של קיום אינו יכול להתהוות ממקור מושלם; הוא היה צריך לנבוע
ממצב פגום.

---

[109] "צד אחר" בארמית
[110] מכיוון שהכול נוצר מהקו והרשימו

שבירת שבע הספרות התחתונות יותר גרמה לירידת כל העולמות. עולם העשייה נפל אף נמוך יותר, ומסופו[111] נבע הכוח השלילי.

לספירות יש שורש משלהן בקדושה של האין סוף, ב"ה. השורש של הכוח השלילי נמצא בחסר או בהעדר הקדושה. קליפות אלה חוסמות את האורות של הספירות, מסתירות את האדם מהשורש ומהאור שלו.

במקביל (מול) לארבעת העולמות, לישות השלילית הזו יש ארבעה עולמות משלה, בהם עשר קבוצות של מלאכים שליליים מתחלקות כדלקמן:

- שלוש קבוצות בעולם הבריאה
- שש קבוצות בעולם היצירה
- קבוצה אחת בעולם העשייה

הן מוזנות מהקצוות של האורות העליונים כאשר אלה נחלשים על ידי המעשים הרעים של הישויות התחתונות. כאשר הכוח הרע הזה מקבל את כוחו על ידי יניקת האורות העליונים האלה, מלאכי החבלה שלו מקבלים כוחות נוספים ומגיעים כדי לעשות רע בעולם.

הקיום של סטרא אחרא – כוח הרע – היה רצון הבורא כדי לתת לאדם בחירה חופשית. באמצעות דברי שקר, הוא מנסה כמעט כל הזמן לפתות אותו, ולגרום לו ליפול.

למעשיו הטובים של האדם יש השפעה על ארבעת העולמות העליונים; ולמעשיו הרעים, על ארבעת העולמות התחתונים. רק כאשר האדם חוטא, הצד הרע יכול להגדיל את כוחו[112].

כאשר האדם פועל בצורה שלילית, הוא מושך נגזרת של הכוח השלילי הזה הגדל בתוכו. זהו יצר הרע שלו, הוא מנתק אותו מהעולמות העליונים

ומהקדושה. כאשר הוא פועל באופן חיובי, הוא מושך אנרגיות חיובית
המחלישות את האנרגיות השליליות בתוכו, ונותנות לו כוח להתקרב אל
בוראו.

קליפות

הקליפות הן הגילויים של הכוח השלילי. הן חוסמות את האורות של
הספירות התחתונות באמצעות הצמדות ויניקה מקצותיהן. הן מסתירות
את האדם מהאמת ומהאור. בגלל המעשים הרעים של האישיים
התחתונים, הקליפות מקבלות את כוחן ומחדשות אותו כדי לעשות רע
בעולם.

התיקונים של התחתונים יהיה עם ניתוק הקליפות האלה מהקדושה, על
ידי קיום המצוות והתפילות. כאשר אנשים פועלים באופן שלילי, הם
מפיקים אנרגיות מנוגדות הגורמות להתדרדריות אשר מגיעות לעולמות
התחתונים ויוצרות אפילו עוד קליפות כדי לעשות נזק.

ישנן ארבע רמות עיקריות של קליפות, הן מתאימות לארבעת העולמות
התחתונים. גם הן מכילות ספירות ותצורות כמו בעולמות החיוביים, וגם
הן בנויות בסידור שלושת העמודים של אילן הספירות. אך יש להן מטרה
לפעול באופן מנוגד לעולמות של הקדושה הנ״ל על ידי האצלת אנרגיות
שליליות מזיקות.

פרק 12

תיקון

למילה ״תיקון״ יש משמעויות שונות. ניתן לפרש אותה כתיקון וגם
כקשר או כפעולה. יש סוגים שונים של תיקונים:
לתקן את העולמות, לבניית הקשרים ההדדיים של הספירות
והפרצופים, להנהגת העולם, ולתיקון הנשמות.

תיקון

"שורש מציאות קלקול ותיקון הוא ענין שבירת הכלים ותיקונם. כי אם לא היה קלקול בהם - לא היה קלקול בעולם, ואם תיקונם היה נשלם לגמרי - היה סוף הכל. אך בהיות שהיה הקלקול בא, ואחר כך התיקון, ולא גמור, אלא בשיעור שהיה נותן שורש לקלקול ותיקון לסבב בעולם. וסוף הכל יהיה תיקון שלם, שלא יהיה אחריו עוד קלקול כלל.

תיקון מדרגה זאת האחרונה [המלכות] תלוי במעשה בני אדם, שהם יגבירו כח הקדושה, ואז לא יהיה עוד ענין לרע כלל, אלא הכל עומד לכבוד הבורא לבד. ואז יקרא שנתקנו כל הלבושים תיקון שלם, וחוזר הכל להשלים המונח הראשון שהושם - להיות כל הבריאה בהשוואה אחת, חק אחד של תיקון שלם בענין גילוי יחודו של מקום ב"ה.

ואז יתגלה האצילות של הנקודים, שהוא המונח הזה הראשון. וישלים ליכנס האור בכלים כולם, והלבושים יהיו נמשכים אחר האצילות, ויהיה הכל בתיקון שלם. כדי להשלים הילוך הכולל של המ"ק [המלכין קדמאין], צריך לפרש גם ענין המדרגה הזאת הנשארת באחרונה.

מציאות התיקון הוא משקל מה שצריכים כל האורות לתקן איש בעד חבירו, בכל כך מיני פתיחות, ובכל כך מיני סתימות, שבין כולם נמצאת ההנהגה מתוקנת בכל הסדרים הגדולים שיש לה לסבב כל הבריאה בסיבוב אחד, שבו כל דבר יסתיים בטוב ושלמות גמור.

כל המעשים - נשאר תולדתם קיימת, אף על פי שהמעשה חלף כבר, והיינו קלקול שנתקן - אין רושם הקלקול אבד, אלא נרשם כך, קלקול שהיה לו תיקון. וכן להיפך ח"ו. והיינו כי אין שכחה לפני כסא כבודו. ובסוף כל הסיבוב יהיה התיקון השלם על פי כל מה שנעשה, אם טוב ואם רע ח"ו."
(רמח"ל - קל"ח פתחי חכמה, פתח לז, מח, סט, עח)

תיקון בקבלה הוא מושג מאוד חשוב. הוא מראה, באופן מסוים, שכל מה שנברא עם אפשרות של ליקוי, יש לו גם פוטנציאל להיות מתוקן[113].

בעברית, למילה "תיקון" יש משמעויות שונות; ניתן להבין אותה גם כשיפור או תיקון, אך גם כפונקציה, קשר או פעולה.

יש סוגים שונים של תיקונים:

- תיקונים (שיפורים) שהתרחשו בהאצלות הראשונות לתיקון העולמות.
- תיקונים (תיקון – יחסים) לבנייה ולקשרים ההדדיים של הספירות והפרצופים.
- תיקונים (פעולות) של פרצופים להנהגת העולם.
- תיקונים (תיקון) עבור הנשמות.

תיקונים (שיפורים) לתיקון העולמות

בבריאה, כאשר מפרצוף אדם קדמון יצאו עשר ספירות של ההיבט הנקבי של שם ב"ן (52), ושבע הספירות התחתונות נשברו, כדי לקיים את הכלים של הספירות הללו לאחר שבירתן, 288 (רפ"ח) ניצוצות של אורותיהן ירדו למטה גם הם כדי לשמור עליהן בחיים.

נזק זה - שבירת הכלים - היה מיועד להיות מתוקן. התיקון הראשון היה לעזור לעלייתם של חלק מאותם 288 ניצוצות שנפלו, ולתקן כך את הכלים שנפלו, ועל ידי זה יוכלו לחזור לאורות המתאימים שלהם.

---

[113] על ידי האדם

התיקון שנועד לתקן את הספירות לאחר השבירה היה החיבור של הספירות הזכריות של מ״ה (45) עם הספירות הנקביות של ב״ן (52) בסידורים מורכבים. זה היה כדי לאפשר לב״ן הנקבי להיות מתוקן[114] על ידי מ״ה הזכרי, וכדי שהספירות יעמדו בסידור שלושת העמודים להנהגה של חסד, דין ורחמים.

תיקונים לבניית הפרצופים

התיקונים לבניית הפרצופים - נעשים בדרך של זיווג של הפרצופים הזכריים והנקביים העליונים יותר, במהלכו הפרצוף הפָּחות יותר יעבור תקופת הריון (עיבור) בתוך הפרצוף הנקבי הגבוה יותר, ולאחריה את לידתו.

הפרצוף הזכריי מתאים לחסד ולשם מ״ה (45), הנקביי לגבורה – דין ולשם ב״ן (52).

בתחילה, במהלך תקופת ההיריון, כאשר הפרצוף התחתון יותר נמצא בתוך הנוקבא העליונה, האורות הנקביים והזכריים של ההיבט של ב״ן ומ״ה בונים ונותנים את הכוח הנדרש להולדת הפרצוף התחתון.

רק לאחר שהוא מסודר לחלוטין ומושלם הוא נחשף[115]. לאחר העיבור יש תקופת היניקה, עיבור ויניקה מקבילים לקטנות ראשונה ושנייה, ואח״כ יש תקופת הגדלות ראשונה ושנייה.

תיקונים (פעולות) של הפרצופים להנהגת העולם

יש גם תיקונים של פרצופים שונים לצורך פעולותיהן, הארותיהם והקשרים ההדדיים שלהם על מנת להשפיע על הנהגת העולמות. תוצאות תיקונים אלה הן הן הארות מגוונות בעוצמות שונות, כתלות בזמן ובפעולות האדם.

---

[114] אבל לא באופן מלא
[115] בחוץ כתצורה עצמאית

התיקונים העיקריים של הפרצופים הם אלו של הפרצוף אריך אנפין, זעיר אנפין ונוקבא. באופן אלגורי, תיקונים אלה הם מהראש, או הפנים של הפרצופים.

תיקונים של הפרצוף אריך אנפין

התיקון הראשון והגבוה ביותר הוא זה של שלוש הספירות הראשונות של הפרצוף אריך אנפין.

שלוש הספירות הללו הן השורשים של הכיוון של חסד, דין ורחמים. כדי להשפיע על ההנהגה, ההארות נאצלות מאחת או יותר מהספירות הללו אל הפרצופים אבא ואמא, ומשם, למוחין (הכוח המנהיג) של הפרצוף זעיר אנפין.

האורות עולים מאחת הספירות האלה – חכמה, הם מתפשטים כלפי מטה ומתחלקים לשלוש עשרה. הם נקראים "שלושה עשר תיקוני דיקנא" – הזקן (אורות) של אריך אנפין.

התיקונים האחרים – ההארות של אריך אנפין הם אורות הדרושים להמשכת התיקון ולשפע. עם זאת, ההנהגה עצמה היא מהאורות הנאצלות מהדיקנא שלו – הזקן.

תיקונים של פרצוף זעיר אנפין

ההאצלות הגבוהות יותר של האורות מועברות בסדר קבוע אל הפרצופים התחתונים. שבסופו של מהלך מגיעות לפרצוף ז״א שהוא, לאחר האצלה שלו, יתאחד עם הפרצופים הנקביים של רחל או לאה, ויעביר דרכן את ההאצלות האלה לעולמות, כדי לבצע את ההנהגה.

עבור פרצוף ז״א, התיקונים באים לידי ביטוי על ידי האורות אשר יוצאים ממנו, כמו השיער – הארות על ראשו, ועל פניו.

האצלות אלה נקראות שיער או זקן מפני שהן אורות שמתפשטים בצינורות נפרדות.

תיקונים– פעולות – של הדיקנא דומות לפעולות של אריך אנפין, אך במספר הבדלים, הן יותר מההיבט של גבורה, בעוד אלה של אריך אנפין מבטאות שפע. בתחילה התיקונים של ז״א הן תשע, ואח״כ הופכות לשלוש עשרה הפעולות כעיקרון החסד להנהגת המשפט.

תיקונים עבור הנשמות

תיקון עבור הנשמה זהו התיקון שלה בגלל חוסר השלמות שלה או בשביל לטהר אותה מכל פגם. התיקון עבור הנשמה ממומש באמצעות גלגול (נשמות) או על ידי עיבור (התחברות). על ידי קיום של מי שלא השלים אחת מ- 613 המצוות, על ידי תיקון מעשה או פגם שהוא גרם במעשיו השגויים, האדם עושה את התיקון הנחוץ עבור נשמתו, שכעת יכולה לעלות לעולמות העליונים ולהצטרף מחדש למקור שלה.

ישנם סוגים שונים של תיקונים עבור הנשמה, כל אחת מהמדרגות שלה[116] זקוקה לתיקון משלה. לרוב האנשים יש רק את המדרגה הנמוכה ביותר של נפש, ואם הם יעשו תיקון ראוי, הם ישיגו את המדרגות הבאות[117], אם כי אחת אחרי השנייה. תיקון של רמה גבוהה יותר יכול להיות מושלם רק אחרי כל המדרגות הקודמות.

כל עוד אדם מתחייב לעשות תיקון של נשמתו בתוך שלושה גלגולי נשמות, הוא יעבור גלגול נשמות ויחזור ככל הנדרש כדי להשלים את התיקון שלו. אולם, אם הוא ממשיך בהתנהגות השגויה שלו, הוא לא יחזור לאחר גלגול השלישי, והנשמה הזו תיפסד ללא אפשרות לקבלת תיקון.

---

[116] חמש המדרגות של הנשמה
[117] לאחר גלגול נשמות נוסף

תיקון עולם – תיקון כללי

הרע ייעלם מהעולם הזה וישתנה לטובה, כאשר כל התיקונים הכלליים יושלמו[118]. התיקון הכללי נועד להחזיר את העולם למצבו הקודם לפני הנזק שנגרם על ידי שבירת הכלים. מצב של הרמוניה שבו חסד, שפע ושלווה שוררים והדינים מפוייסים, כאשר כל הניצוצות הנופלים של הקדושה יוחזרו למקורותיהם בזכות כל ההתנהגויות והמעשים החיוביים של כלל האנשים. כתוצאה מכך, הסטרא אחרא (הכוח השלילי) לא תוכל עוד להתחבר ולהיות מוזן מהאורות העליונות, ותחדל להתקיים.

ה׳ נתן לאדם תפקיד חשוב בתיקון העולם – תיקון כללי. כעת הכול תלוי בו, לשחזר ולעשות את התיקונים הנדרשים לעולם על ידי קיום מצוותיו, עשיית מעשים טובים, למידת דרכי הבורא, ולימוד פנימיות התורא. המטרה הסופית היא להבין ולהשיג את רצונו, להיות ראויים בקרבה של נוכחותו, ולבסוף, לעזור ולהשתתף בהתגלות של הייחוד שלו בעולם.

---

[118] כאשר הניצוצות שנפלו יעלו שוב למעלה

פרק 13

תורה ומצוות

התורה מכילה ארבע מדרגות של הבנה, אשר הגבוהה ביותר היא הסוד. ברמה זאת, מתגלה כל הידע המיסטי והאזוטרי המרכיב את הקבלה. הסודות המעמיקים הללו נרמזים באותיות, במילים, באלגוריות, בשמות, ובסיפורים השונים המסופרים בתורה. התורה מכילה 613 מצוות; באופן דומה, יש 613 גידים ואיברים בגוף האדם, 613 חלקים לנשמה ו-613 אורות בכל פרצוף. מספר זה איננו מקרי שכן יש יחסי גומלין ואינטראקציות חשובים ביניהם.

מצוות

אך הסדרים והגבולות האלה, הנה הם כל המצוות העשין והלאוין, אשר כל אחת מהם מכוונת אל תכלית הקנות באדם והעצים בו אחת ממדרגות המעלה האמיתית שזכרנו, והסרת אחד מעניני החשך והחסרונות, על ידי פועל המצוות עשה ההיא, או המניעה מן הלא תעשה. ואולם פרט המצוות כולם, וכן פרטי כל מצוה ומצוה, הנה הם מיוסדים על אמתת מציאותו וענינו של האדם בכל בחינותיו, ואמתת עניני השלימות המצטרכים, כל דבר בתנאיו וגבוליו מה שצריך להשלמתו. ואמנם החכמה העליונה שיודעת כל זה לאמתו, ויודעת כל עניני הברואים כולם ושימושיהם כמו שבראתם באמת, השקיפה על הכל, וכללה כל המצטרך, במצוות שצונו בתורתו, וכמו שכתוב, ויצונו ה' לעשות את כל החוקים וכו' לטוב לנו וכו'.

והנה שרש כל ענין העבודה הוא, היות האדם פונה תמיד לבוראו. והוא שידע ויבין שהוא לא נברא אלא להיות מתדבק בבוראו, ולא הושם בזה העולם אלא להיות כובש את יצרו ומשעבד עצמו לבוראו בכח השכל, הפך תאות החומר ונטיתו, ויהיה מנהיג את כל פעולותיו להשגת התכלית הזה ולא יטה ממנו.

אך ההנהגה הזאת מתחלקת לשני חלקים, הא', הוא במה שיעשה מפני שצווה בו, והב', במה שיעשה מפני שהוא מוכרח בו וצריך, פירוש, הא' הוא כלל מעשה המצוות, והב' כלל מה שהאדם משתמש מן העולם לצורכו.

מעשה המצוות, הנה תכלית בו לאדם שיעשהו מבואר הוא, שהוא לקיים מצוות בוראו ולעשות חפצו, והנה הוא מקיים חפצו ית' בזה, בשני דרכים נמשכים זה מזה, והיינו כי הוא מקיים חפצו במה שצוהו שיעשה המעשה ההוא והוא עושהו.

והשנית, כי הנה במעשה ההוא הנה הוא משתלם באחת ממדריגות השלימות שהיא תולדת המצוה ההיא וכמ"ש, והנה מתקיים חפצו ית', שהוא חפץ שיהיה האדם משתלם ומגיע ליהנות בטובו ית'. אכן מה שהאדם משתמש מן העולם לצרכו, הנה צריך תחלה שיהיה מוגבל בגבול רצונו ית', דהיינו שלא יהיה בו דבר ממה שמנעו ואסרו האל ית'. ושלא יהיה אלא

הראוי לבריאות הגוף וקיום חיותו על הצד היותר טוב, ולא כפי נטית החומר ותשוקתו למותרות. ויהיה הכונה בו, להיות הגוף מוכן ומזומן לשתתמש ממנו הנשמה לצורך עבודה בוראו, שלא תמצא לה עיכוב בהעדר הכנתו וחולשתו.

וכשיהיה האדם משתמש מן העולם על הדרך הזה, הנה ימצא התשמיש ההוא בעצמו פועל השלימות כמ״ש, ויקנה בו מעלה אמיתית כמו שיקנה במעשה כל המצוות כולן, כי גם זה מצוה עלינו, לשמור את גופנו בהכנה הגונה לשיוכל לעבוד בו את בוראנו, ונשתמש מהעולם לכונה זו ולתכלית זה כפי המצטרך לנו, ונמצינו אנחנו מתעלים במעשה הזה, והעולם עצמו מתעלה בזה בהיותו עוזר לאדם לשיעבוד את בוראו.

והנה ממה שצריך שיגביר האדם בעצמו, הוא האהבה והיראה לבוראו ית׳. והיינו שיהיה מתבונן על גודל רוממותו ית׳, ועוצם שפלות האדם, ויכניע עצמו לפניו ית׳, ויבוש מרוממותו. ויהיה חושק ומתאוה להיות מן העובדים לפניו, להתהלל בתהלתו ולהשתבח בגדולתו. כי אלה הם אמצעיים חזקים המתקרבים האדם אל בוראו, המזככים את חשך החומר ומזהירים זהרי הנשמה, ומעלים את האדם מעילוי לעילוי עד שישיג קרבתו ית׳.

ואמנם אמצעי אחד נתן לנו האל ית׳, שמדריגתו למעלה מכל שאר האמצעיים המקרבים האדם אליו, והוא תלמוד התורה. והוא בשתי בחינות, הא׳ – בבחינת ההגיון והלימוד, והב׳ – בבחינת ההשכלה. כי הנה רצה בחסדו ית׳ וחיבר לנו חיבור דברים כמו שגזרה חכמתו, ומסרם לנו, והיינו כלל ספר התורה, ואחריו ספרי הנביאים, שבעולת הדברים ההם יהיה, שמי שיהגה בהם בקדושה ובמהרה, על הכונה הנכונה שהיא עשית חפצו ית׳, יתעצם בו על ידם מעלה עליונה ושלימות גדול עד מאד. וכן מי שישתדל בהבנתם ובידיעת מה שמסר לנו מפירושיהם, יקנה כפי השתדלותו שלימות על שלימות. כל שכן אם יגיע אל השכלת מתריהם ורזיהם, שכל ענין מהם שישכיל ויתעצם בנשמתו מדריגה מן המדריגות היותר

מדרגות שבמעלה והשלימות האמתי. ובכל אלה העניינים לא די מה שקונה האדם בעצמו מעלה ושלימות, אלא שמציאות הבריאה כלה בכללה ובפרטה מתעלה ומשתלם, ובפרט על ידי התורה.

ואולם סיבת כל מצבי האדם חשכתו ובהירותו, הנה היא הארת פניו ית׳ אליו, או התעלמו ממנו וכמש״ל. כי הנה כל מה שהאדון ב״ה מאיר פניו, מתרבה הזוך והשלימות במי שהגיע לו הארתו, וכפי שיעור ההארה כך הוא שיעור השלימות והזוך הנמשך ממנה, והפך זה, ההעלם. ואמנם האדון ב״ה מאיר תמיד למי שיתקרב אליו, ואין מניעת טוב מצדו כלל, אלא מי שלא יתקרב אליו יחסר הארתו, והמניעה מצד המקבל לא מצד המשפיע.

והנה גזרה החכמה העליונה, שהעושה אותם העניינים שצוה, דהיינו כל כל המצוות כולן כמש״ל, בכל מעשה מהן שיעשה, יהיה מתקרב על ידו מדריגה מה ממדריגות הקורבה אליו ית׳, ותגיע לו על ידי זה מדריגה מה ממדריגות הארת פניו, כפי הקורבה שנתקרב לו, ויתעצם בו מדריגה מן השלימות, שהיא תולדת מדריגת ההארה ההיא, והפך זה העבירות, כל מעשה מהן שיעשה האדם ח״ו, הנה יתרחק על ידו ממנו ית׳ מדריגה מה, ויתוסף עליו על ידי זה מדריגה ממדריגות העלם הארתו, ית׳ והסתר פניו, ויתעצם בו על ידי זה מדריגה מן החסרון שהיא תולדת מדריגת ההעלם ההוא.

נמצא לפי כל מה שהקדמנו, שהכונה באמת בכל המצוות תהיה אליו ית׳, להתקרב לו וליאור באור פניו. והמניעה מן העבירות, להמלט מן ההתרחק ממנו, וזה התכלית האמיתי שבהן. אך העניינים בפרט יש בהם עומק גדול, כפי פרטי ענייני האדם והבריאה.

(רמח״ל – דרך ה׳, חלק א, פרק ד)

תורה

הקבלה היא ההסבר המיסטי והפנימי של התורה. כל הסודות המעמיקים המוסברים בקבלה נרמזים באותיות[119], במילים, באלגוריות, בשמות, ובסיפורים השונים המסופרים בתורה. סיפורים אלה, וכן צורת האותיות, הנקודות[120] וטעמים הם לבוש – בגד החיצוני של המסר האמיתי ומשמעות התורה. המערכות השונות של הספירות, ותצורות האורות והאנרגיות מיוצגות על ידי האנשים,[121] בסיפורים של התורה. לכן התרגומים והפשט של המקרא מכסים רק את המשמעות הבסיסית ביותר ואינם יכולים להגיע אל המטרה האמיתית והמשמעות של התורה כפי שמוסבר בספר הזוהר:

"רבי שמעון אמר: אוי לאותו אדם, שאומר כי התורה באה לספר סיפורים בשפה רגילה, כי אם כך, אפילו בזמנים האלה אנו יכולים לעשות תורה מסיפורי מעשיות רגילים, ואפילו עוד יותר יפים מהם. אם התורה באה להראות דברי העולם, אפילו שליטי העולם [הנוכחי] יש ביניהם דברים מעולים יותר. אם כן נלך אחריהם ונעשה מהם תורה, כאותו האופן. אלא שבאמת, כל דברי התורה הם מטבע גבוה מאוד, ובעלי סודות עילאיים.

לכן הסיפור בתורה הוא בגד של התורה. מי שחושב שבגד זה הוא התורה עצמה וכי אין דבר אחר, תן לנשמה שלו להתנפח ושלא יהיה לה חלק בעולם הבא. מסיבה זו, אמר המלך דוד: גַּל עֵינַי וְאַבִּיטָה נִפְלָאוֹת מִתּוֹרָתֶךָ" (תהילים, קיט יח)בוא וראה, קיים בגד הגלוי לכל, האנשים הבורים אשר רואים אדם לבוש היטב אשר נראה מכובד על פי לבושו, לא מסתכלים מעבר, ושופטים אותו על פי הבגד הנחמד שלו. הם חושבים שהלבוש מייצג את גוף האדם, וגופו, את נשמתו.

כך גם התורה, יש לה גוף, שהוא המצוות, הנקראות "גוף התורה". גוף זה לבוש בבגדים, שהם סיפורי העולם הנוכחי, הבורים רק מביטים על הבגד

---

[119] ראשי תיבות, אותיות סופיות ועוד
[120] כל אחת מותאמת לספירה
[121] האישים המרכזיים מותאמים לספירות או תצורות

הזה שהוא הסיפור בתורה, לא מעבר לכך, ולא על מה שנמצא מתחת לבגד הזה. אנשים אשר יודעים יותר אינם מביטים על הבגד, אלא על הגוף מתחת לבגד. החכמים, משרתי ה', אלה שעמדו על הר סיני, מביטים רק על הנשמה של התורה, שהיא מהותית מהכל, התורה האמיתית (קבלה). בעתיד אנו נביט רק על הנשמה של נשמת התורה.

אוי לאותם חוטאים שאומרים שהתורה אינה אלא סיפור; הם מסתכלים על הבגד ולא יותר. השבח הם צדיקים שמסתכלים בתורה כמו שצריך. יין רק מכיל בקנקן, כמו כן התורה מכילה רק בבגד זה, ולכן, יש צורך להסתכל רק על מה יש מתחת הבגד הזה. לכן, כל העניינים והסיפורים האלה הם רק מלבושים."
(זוהר, במדבר, בהעלותך, דף נח-סד)

בתורה קיימות 613 מצוות, 248 מצוות עשה ו-365 מצוות לא תעשה. באופן דומה, יש בגוף 613 גידים ואיברים, 613 חלקים לנשמה ו-613 אורות בכל ספירה. מספר זה איננו שרירותי, שכן יש יחסי גומלין ואינטראקציות חשובים ביניהם.

התורה מכילה ארבע מדרגות של הבנה: פשת, רמז, דרש, והגבוהה ביותר מביניהן היא הסוד. במדרגה הזאת, התורה מסבירה לנו את מטרת הבריאה, המטרה האמיתית של כל המצוות, ואת השפעתן על הספירות. באמצעות הידע של הקבלה[122], אנו יכולים להגיע לרמת הבנה אמיתית של רצון הבורא, ההנהגה שלו, הבריאה, ובדרך מסוימת, "לפענח" את הסודות המעמיקים של התורה הקדושה שלנו.

---

[122] באמצעות הבנה של מערכות הספירות והפרצופים, הקשרים וההארות שלהן

מצוות

בתורה יש 613 מצוות וכל אחת מתאימה לאחד מ-613 הגידים ואיברים של האדם ו-613 החלקים של נשמתו. על ידי קיום המצוות, האדם מחזק את כוחן, ועל ידי אי קיומן, באופן מסוים, הוא מחליש אותן.

המצוות ניתנו בגלל שלוש סיבות עיקריות:

- לחזק ולטהר את האדם
- לפעול ולהשפיע על ההנהגה
- לסייע בהשגת תיקון הבריאה

לאחר שבירת הכלים ונפילת הרפ"ח (288) הניצוצות, האדם חייב לפעול ולהשתתף בהעלאת הניצוצות הנופלים ולהחזיר אותם למקורם. זה יכול להיעשות על ידי קיום המצוות ועל ידי התפילות. כיוון שיש מדרגות שונות של תפיסת המשמעויות והמטרה של פעולותינו, ישנן גם אפשרויות שונות וכוחות שונים של השפעה, התלויים בהבנה ובכוונה של מעשינו.

הקליפות הן ההתגלות של הכוח השלילי לחסימת האורות של הספירות, והתדרדרות זו נגרמת מהחטאים המבוצעים על ידי בני אדם. כאשר מקיימים את המצוות, מעלים אנרגיות חיוביות כדי להחליש את הקליפות האלה ולנתק אותן מהאורות העליונים, וכך להסיר כל מכשול מהזרמים הנכנסים ויוצאים של האנרגיות החיוביות. לכן, לפני כל תפילה וקיום של מצוות התורה, אנו מנסים לאחד את הפרצופים – הזכריים והנקביים כך שתהיה הרמוניה גבוהה, ותוצאה או זרם של שפע ירדו למטה אלינו.

על ידי הבנת המשמעויות העמוקות של מצוות אלה, כפי שמוסברות בקבלה, אנו מבינים את האהבה העצומה שה' מעניק לברואיו בכך שהוא מאפשר להם להיות חלק ממערכת דינמית זו, ובכך שהוא נותן להם את האמצעים והכלים להגיע לעולמות הגבוהים ביותר.

שער המצוות

כתבי הארי

בשער המצוות האר"י חושף סודות עמוקים על המשמעות והמטרה של המצוות לפי הקבלה.

חיוב לקיים כל תרי"ג מצות

דע שכל נצוצי נשמות מכל נשמה ונשמה מחוייבת לקיים כל תרי"ג מצות, אם לא אותם שאין בידו יכולת לקיימם כמו מעשה הקרבנות כלם שאינם נוהגים אחר החרבן וכיוצא בהם כמו מצות יבום[123] וחליצה או גט[124] או פדיון בן בכור, שדברים אלו אינם ביד האדם. ואפילו ענין הגט, אינו מחויב לגרש לאשתו אלא אם לא תמצא חן בעיניו מחמת שאינה הגונה במעשיה, שאל"כ אדרבא מזבח מוריד עליו דמעות, וכיוצא במצות אלו.

אבל כל השאר חייב אדם לקיימם ואפילו אותם שאינם חובה על האדם אלא בהזדמן, כגון מצות שילוח הקן[125] שאינו מחויב לרדוף אחריה אלא כי יקרא קן צפור שהוא דרך מקרה, וכיוצא בזה. עכ"ז צריך האדם לחפש אחריהם ולעשותם, כי כל זמן שלא השלים התרי"ג מצות שהם כנגד רמ"ח איברים ושס"ה גידי נשמתו, הנה נשמתו חסרה מן האיברים, ונקרא בעל מום, ועליו נאמר כל אשר בו מום לא יגש. וזה נזכר ומפורש בספר התקונים תיקון ע' דקל"א ע"ב, שאין לו תיקון עד שיחזור בגלגול וישלים כל התרי"ג מצות, וז"ל זכאה איהו מאן דשריא ליה בכל אבר ואבר דיליה למעבד ליה אתר דלישרי ביה ואמלכא ליה, בכל אבר ואבר דלא יהא אבר פנוי מיניה, דאם חסר חד דלא שריא עליה קב"ה בגין ההוא אבר אתחזר לעלמא בגלגולא עד דישתלים באברים דיליה כו', ובשער הגלגולים הארכתי בענין זה ע"יש.

<hr>

123 להתחתן עם אשתו של אח אלמן ללא ילדים
124 מסמך הגירושים הניתן לאישה
125 לשלוח בחזרה את אם הציפור כאשר מוצאים קן

תלמוד תורה גדולה ושקולה ככל המצוות

גם בענין עסק התורה שהיא א' מרמ"ח מצות עשה, אם לא השלים אותה שהוא ענין עסקו בפרד"ס התורה שהוא ר"ת פשט רמז דרש סוד בכל בחינה מהם, כפי אשר יוכל להשיג עד מקום שידו מגעת לטרוח, ולעשות לו רב שילמדנו.

ואם לא עשה כן הרי חסר מצוה א' של תלמוד תורה שהיא גדולה ושקולה ככל המצות, וצריך שיתגלגל עד שיטרח בד' בחינות של פרד"ס כנזכר.

אל יחשוב שהיא עליו כמשא

דע כי העושה מצוה אין מספיק לו במה שיעשה אותם, שהרי מצינו בדברי רז"ל שאמרו, כל העושה מצוה א' מטיבין לו ומאריכין לו ימיו וכיוצא בזה, אמרו כל המקיים מצוה פלונית יש לו כך וכך.

והנה אנחנו ראינו כמה וכמה מצות שעושים בני אדם ואינם מתקיימים דברי רבותינו ח"ו בענין גודל שכרם אפילו בעוה"ז.

אבל השרש שהכל נשען עליו הוא שבעשיית המצוה, אל יחשוב שהיא עליו כמשא וממהר להסירם מעליו, אבל יחשוב בשכלו כאלו בעשותו אותה המצוה ירויח אלף אלפים דינרי זהב.

לעבד את ה' אלהיך בשמחה

ויהיה שמח בעשותו אותה המצוה בשמחה, שאין לה קץ מלב ומנפש ובחשק גדול כאלו ממש בפועל נותנים לו אלף אלפים דינרי זהב אם יעשה אותה מצוה.

וז"ס הפסוק תחת אשר לא עבדת את ה' אלהיך בשמחה ובטוב לבב, כו' וז"ס רב ברונא דחד יומא סמך גאולה לתפלה ולא פסק חוכא מפומיה כל ההוא יומא. וזה יורה על היות אמונת בטחונו בבורא יתברך בתכלית האחרון יותר משאם היה השכר מזומן לפניו בפועל, וכפי גודל שמחתו באמת ובטוב לבב הפנימי, כך יזכה לקבל אור עליון ואם יתמיד בזה אין ספק שישרה עליו רה"ק.

וענין זה נוהג בקיום כל המצות כלם, בין בעת שעוסק בתורה שיהיה בחשק גדול נמרץ בהתלהבות עצום כאלו עומד לפני המלך ומשרת לפניו בחשק גדול למצוא חן בעיניו לקבל ממנו מעלה יתירה וגדולה.

גם העושה מצוה אין די לו עשייתה, אבל צריך שיקיים משז"ל שיכוין בעשיית המצוה שהוא עושה אותה לשם עושיהן שהוא השי"ת. המשל בזה, בעת שמסתפר ראשו לא די לו במה שלא ישחית הפאות, אבל צריך שיכוין שהוא מונע עצמו מלהשחיתם כדי לקיים מצות בוראו שציוהו על כך.

וכן בכל מצוה ומצוה, יהיה זהיר וזריז לכוין כונה זו וכן בעת שמתפלל לפניו יתברך על איזו שאלה מן השאלות, כמו מזונות ועושר ובנים וכיוצא בזה, לא יתפלל לסיבת עצמו שצריך לשאול אותה השאלה, אלא לקיים מצותו יתברך שנצטוינו שנתפלל אליו בעת צרותינו להורות כי הוא אלהינו ואנחנו עמו ועבדיו, ואליו עינינו תלויות כעיני עבדים אל יד אדוניהם, ואין לנו שום עזר אם לא ממנו יתברך, וישים כל בטחונו עליו.

מי שיודע כונת התפילה והמצות

כונה גדולה מכלם והיא הנזכרת בהקדמת ספר התיקונים ובמקומות אחרים רבים, כי יכוין האדם שאינו עושה אותה המצוה כעבד המשמש את רבו ע"מ לקבל פרס, אלא כבן שכל כונתו לעשות רצון ונחת רוח לאביו שבשמים. אין ענין זה מתקיים אלא במי שיודע כונת התפילה והמצות, ומכוין בעשייתם לתקן עולמות העליונים, וליחדא שמה דקב"ה עם שכינתיה, ואין כונתו לקבל שכר העוה"ז ואף לא לתועלתו הנמשך לו לעוה"ב.

ואף גם בעסק התורה אל יחשוב שעוסק בתורה כדי שידע מה שיש בה, אלא שעוסק בה כשור לעול וכחמור למשאוי לקיים מצות בוראו וליחדא קב"ה בשכינתיה ע"י מצות עסקו בתורה.

איסור קבלה מעשית

איסור להגות השם ככתבו, ואיסור קבלה מעשית, כתיב זה שמי לעולם לעלם כתיב כמ"ש רז"ל פסחים דף נ'.

אמר לי מורי זלה"ה, כי אמיתות פירוש דבר זה הוא שלא יקרא ד' אותיות ההוי"ה ככתבן בלי מילוי, אבל אם גם יקראנו במילוי כזה יו"ד ה"יי וי"ו ה"יי גם זה בכלל ההוגה את השם באותיות.

ובענין קבלה מעשית מה שהוא שימוש האדם לעשות דברים נפלאים ע"י השבעת שמות הקדש, כל העושה השבעות אלה גורם שיבואו תמיד בפיו ברכות לבטלה, כי עבירה גוררת עבירה, ואותם המלאכים שהוא משביען בעל כרחן מתגרים בה ומביאים אותו לידי ברכות לבטלה.

ושאלתי למורי ז"ל, שהרי ראינו דורות הראשונים שהיו משתמשין בשמות כנודע ובפרט כפי הנמצא כתוב בספר פרקי היכלות שהיו משתמשין בהם ר' ישמעאל ורבי עקיבא לענין פתיחת הלב והזכירה.

והשיב לי כי כי הם היו נטהרים באפר פרה כנודע בענין רוס שהיה מטהר הטמאים באפר פרה, אע"פ שהוא היה אחר חורבן בית שני, אבל עתה אנו כולנו טמאים לנפש אדם ואין לנו רשות להשתמש בהם.

ושמעתי בשם מורי זלה"ה תשובה אחרת, והיא זה כי כל מי שיתקיים בו על כן עלמות אהבוך, כפי הפירוש שפירשו בו רז"ל ע"ז דף ל"ה ע"ב, אל תקרי עלמות אלא על מק"ית, ור"יל כי כל מי שאפילו המקטרנים אוהבים אותה מפני שאין בו שום חטא שיוכלי לקטרג עליו, ואפילו מלאך המות נעשה אוהבו, מותר וראת לו שישתמש בשמותיו יתברך הקדושים.

אבל מי שיוכלו לקטרג עליו מלמעלה לומר ראה פלוני שעבר עבירה פלונית והוא משתמש בשמותיך הקדושים, הנה אדם זה הוא ודאי שיענישוהו אותו למעלה אם ישתמש בשמות הקדש.

עוד שמעתי בשם מורי זלה"ה, והוא כי כל השמות והקמעים אשר בזמננו הם מוטעים, אפילו אותם הפועלים בנסיון אמיתי, ולכן האדם המשתמש בהם נענש. אבל אם היינו יודעים אותם על מתכונתם, היינו יכולים להשתמש בהם.

גם היה מורי זלה״ה נזהר מלהוציא בפיו שום שם משמות הקדש או של המלאכים, אפילו אותם הכתובים בספרים, ולא היה זוכר אותם באמצע הדרוש אלא כירך זה כשהיה זוכר מטטרו״ן, היה אומר מ״מ טיי״ת, וכשהיה זוכר סמא״ל, היה אומר סמ״ך מ״ס, וכן כיוצא בזה.

וטעם הדבר לפי כשהקב״ה מסרם והשליטם על שליחותיו ומלאכיותיו, צוה אותם תיכף כשיזכרם האדם וישביעם בשמה, שיהוו נזקקים לו, כנזכר באותיות דרבי עקיבא.

והנה תיכף כשיזכרם האדם וישביעם בשמה שיהיו נבהל ונרתע לאחוריה לשמוע את משביעים אותה כדי שיהיה מזדקק להשלים שבועתו כנזכר.

ענין השבת ויום טוב

הנה מצאנו כי גם השנה השביעית נקראת שבת כמ״ש ושבתה הארץ שבת לה, וכתיב והיתה שבת הארץ תו׳. וצריך לידע מה הוא ענין השבת ומה הוא ענין השביעית ומה חילוק יש ביניהם.

ובתחילה נבאר טעם איסור יום שבת מלעשות בו שום מלאכה כלל, ויום טוב הותרה מלאכת אוכל נפש. ובשביעית הותרו כל המלאכות זולתי מלאכת עבודת קרקע, ותחלה נודיעך ענין המלאכות מה הם.

דע כי בתחלת האצילות נאצלו אותן שבעה מלכי אדום שמלכו ומתה, ומח״כ נתקן עולם האצילות ואנו צריכים ע״י תפילותינו והמצות מעששת אשר אנו עושים למטה לגרום זווג בזו״ן. ואנו מעלים לאותם שבעה מלכים בסוד מ״ן אל נוקבא דז״א.

ואז הם מתחדשים ונתקנים וחוזרים לחיות בסוד תחיית המתים. ובכל יום ויום מתבררים ניצוצים וחלקים מהם מדרגה אחר מדרגה כפי כח תפלותינו ומעשינו בעת ההיא ועולים ומתחדשים.

וכך אנו עושים בכל יום תמיד, עד גמר בירור המלכים אלו כל הטוב והקדושה שבהם ויתוקנו הכל והסיגים שבהם הקליפות ישארו למטה בבחינת הרע, ועליהם כתיב ובלע המות לנצח והרשעה כולה בעשן תכלה. ואין בן דוד בא עד שיכלו נשמות שבגוף ויתבררו כל בחינות אלו המלכים לגמרי.

תכלית התפלות והמצות

נמצא כי כל תכלית התפלות והמצות שאנו עושים בעולם הזה, אינו אלא לברר וללבן אלו המלכים, ולהחיותם ממיתתם כנזכר. והנה בימי החול, אז אנו מבררין את אלו המלכים[126], ע״י המצות מעשיות שאנו מקיימים ע״י מלאכה, מה שאין כן ביום השבת, כמו שיתבאר. והענין הוא, כמ״ש רז״ל (מ״ר פרשת בראשית פ״יא) שהשיב רבי עקיבא לטורנוסרופוס, כששאל ממנו איזה מעשים נאים, של הקב״ה או של בשר ודם כוי, והביא לו ראיה מן התורמוסים ומן החדדל, שצריכים למתק ע״י בשר ודם, והחיטים ליטחן ולאפות כר.

נמצא, כי המלאכות הם הודאות, היות הדברים צריכים תיקון ע״י מעשינו למטה, כ״א הקב״ה היה בורא מתחלה, כדרך שעתיד לעשות בימי המשיח, להוציא הארץ גלוסקאות יפות, כמ״ש רז״ל בשלהי כתובות, (דף קי״יא) על פסוק יהי פסת בד בארץ, לא היינו צריכים לטרוח בכמה מיני מלאכות, חרישה וזריעה וקצירה כוי, עד שהמאכל נתקן. אבל עתר אנו צריכים לחרוש ולזרוע ולהוציא התבן והקש שהם הקליפות מן החטים, ואח״כ מוציאין הסובין והמורסן, שהם קליפות יותר דקות. ואח״יכ לאפותו ולתקנו על ידי האש, כי זה הוא גמר המלאכות.

ועד״יז שאר כל המלאכות שבעולם. וטעם טורח אלו המלאכות כולם הוא, כמ״ש אצלינו, כי כל העולמות כולם, וכל אשר בהם, הכל הוא מן מה שמתברר ועולה ונתקן מאילו השבעה מלכים דמתו, ואם בתחילה לא היו בהם סיגים, לא היו מתים כנודע, ולא היו צריכים אל בירור ותיקון כלל. אבל להיות שהיו הסיגים והקליפות מעורבים בהם, ולכן מתו ונתבטלו, לכן עתה כדי לתקנם ולבררם וללבנם, אנו צריכים לטרוח, ולעשות כל המלאכות ע״יי מצות מעשיות שיש בהם. בעת הזריעה, שדך לא תזרע כלאים, וכן עד״יז בכל מלאכה ומלאכה. וכמ״ש רז״יל, (מ״ר בלק פרשה כ) ע״יפ מי מנה עפר

יעקב, מצות שמקיימים בעפר. גם אנו צריכים להתפלל ולעשות מצות, כדי לברר ולתקנם ולהעלותם בבחינת מ״ן למעלה כנ״ל.

כמו בבחינת מ״ן למעלה כנ״ל. ודע, כי כמו שבאלו הז׳ מלכים, היה בחינת כל ד׳ עולמות אבי״ע, ומבירור שלהם נעשו. מעשים הנה גם כל הנשמות התחתונים, נעשו מבירור שלהם, אחר שהוברר בתחילת הבירור העליון, של ארבע עולמות אבי״ע הנזכר. ולא עוד, אלא שאף גם כל דברי העוהיי״ז כולם, אינם אלא מן הבידור שהוברר באחרונה מכל הבירורים, ומן הבירורים הגרועים שבכולם, נעשו כל דברי העוה״יז השפלים, כנזכר כי אין דבר בכל הארבע עולמות, שאינו נעשה מבידור אלו המלכים.

ולכן כל ענייני העוה״יז השפלים, שהם מן הברורים הגרועים, אינם יכולים להתברר, אלא אחר כמה מלאכות ותיקונים. וכל זה ע״י המצות שעושים ב״יא בהם, כנודע כי אין שום מלאכה בעוה״יז, שאין בה קיום מצות, כנזכר בשם רז״יל, בא אדם לחרוש, מקיים מצות לא תחרוש בשור ובחמור. בא לזרוע, מקיים מצות שדך לא תזרע כלאים. וכן עד״יז בכל פרטי המלאכות כולם, בסוד בכל דרכיך דעהו, עד שתתמצא בסיום גמר המלאכות הפת, שאז האדם אוכלו, והרי נתקן הצומח ההוא, והוברר מממדרגות הצומח, ונעשה חלק אבר האדם.

העליות של יום השבת

ביום השבת, שהוא כנגד המלכות התחתונה, היא יריאה להתלבש למטה בחול, לברר בירורין, פן יתאחזו בה החיצונים. ואז היא עולה למעלה באצילות עם ז״יא כנזכר, בכח התיקון שנעשה בימי החול, ע״יי ז״יא ל. ובזה יתבאר לך מ״יש אצלינו, בדרוש י יום השבת, כי כל העולמות עולים עד למעלה עד הא״יס[127], כדי להמשיך נשמות חדשות משם, שהוא המקור העליון, ולא מן בירור הז׳ מלכים. האמנם לכאורה נראה קושיא גדולה, כי כיון שביום השבת נתעלו מתוך ימי החול, ועלו באצילות, א״יכ מה צורך להם

---

127 אין סוף

עוד לעלות ולהמשיך נשמות, ואף בהיותם במקומם ימשך להם נשמות חדשות דרך המדרגות.

אבל זה יובן במ"ש אצלינו בענין דרוש חטא אדה"ר, וסדר העולמות איך היו אז, ונתבאר זה בפרשת קדושים דפי"ג ע"א בס"י ת מ) במאמר ההוא שנתבאר אצלינו שם היטב, וע"ש איך העולמות מדרגתם האמיתית ומקומם האמתי קודם שחטא אדה"ר, היו במקום שעלו העולמות בתפלת מנחה דיום שבת. אבל המקום שעומדים בו בימי החול, אין זה מקומם האמיתי, אמנם ירדו שם למטה ממקומם בכוונה גמורה, ומתלבשים בעולמות החול, כדי לברר בירורין הנזכר נ. א"כ נמצא, כי אלו העליות של יום השבת, לא שעולים למעלה ממדרגתם, רק שמה שירדד בימי החול למטה ממקומם, ביום השבת חוזרים לעלות אל מקומם הראשון, ושם מזדווגים, ומולידין נשמות חדשות.

והנה כי כיון שביום השבת אין שום בירור נעשה, לכן כל המלאכות אפילו של אוכל נפש, נאסרו בשבת, כי כל עניינו הוא דבר חדש. וז"ים שיר חדש של יום השבת, כמ"ש שירו לה' שיר חדש, שאנו אומרים אותו ביום השבת. וז"ים איסור מלאכת הבירור ביום שבת, לפי שאין בירור אוכל מתוך פסולת אשר בז' המלכים, נעשה ביום שבת, כי הכל אוכל גמור בלי פסולת. והם נשמות חדשות כנזכר. ונמצא, כי העושה מלאכה למטה חיו, הוא כמטיל פגם למעלה, שאף ביום השבת צריכים למעשה התחתונים, ויש גרעון ח"ו בהם, ואין הענין כן, כי ביום השבת הכל נעשה מאליו, כי הם נשמות חדשות כנזכר.

ולא עוד, אלא שהעושה מלאכה בשבת, גורם להוריד כחות הקדושה העליונים להתלבש למטה בימי החול, וע"י כן החיצונים נאחזים בהם והנה החיצונים נקראים דרגא דמותא כנודע, ולכן מחלליה מות יומת, מדה כנגד מדה, כיון שגרם שתתחלל הקדושה ביום השבת, ותתלבש בחול, אשר החיצונים נמצאים שם, והם נקראים עלמא דמותא. גם בזה יתבאר ענין תחום שבת. כי הנה בימי החול, הקדושה יורדת למטה כנזכר, ואז היא

סמוכה אל החיצונים, אבל ביום השבת אשר נתעלו נהיי״ם דעשיה לחג״ת דעשיה, כנזכר בשער התפלות בקבלת שבת, ונמצא מקום נהי״י אלו דעשיה רקנים, בסוד חלל פנוי, בין הקדושה אל החיצונים. והמקום ההוא, נקרא תחום שבת של אלפים אמה, שהקדושה נסתלקה משם, וגם הקליפות אינם יבולים לעלות עד שם, כי יש בו עדיין רשימו של הקדושה, ולכן באותו התחום יכול האדם לצאת, כי אין שם קליפה כלל, והם מרוחקים מן הקדושה שיעור הנזכר. אבל בצאתו חוץ לתחום הזה, הנה יוצא ממש אל מקום הקליפה, וגורם כי גם רגלי האדם דעשייה, שהם הנהי״י שבו, יצאו חוץ לתחום, ויתהללו ה״יו בין הקליפות. ונמצא שהנהו״יה הם הרגלים, המהלכים על הקרקע שהיא המלכות.

עסק התורה

ובענין עסק התורה בעצמו, כבר כתבתי בשער רוה״יק[128], כי עיקר כונת האדם יעסקו בתורה, הוא לכשימשיך עליו השגה קדושה עליונה, והכל תלוי בענין זה, שכל כונתו תהיה לקשר את נפשו ולחברה עם שרשה העליון, ע״יי התורה. ותהיה כוונתו בזה, כדי שעיי״כ יושלם תיקון אדם העליון, כי זהו תכלית כוונתו יתברך בבריאתו את בני האדם, ותכלית צויו אותם שיעסקו בתורה. עוד ירצה קרוב אל האמור, כי עיקר כונת האדם בהיותי עוסק בתורה, הוא שיכוין לקשור את נפשו, לייחדה ולדבקה עם שורשה למעלה ע״יי עסק התורה.

ויכוין שעי״י כן נשלם אילן ואדם העליון הקדוש ונתקן. כי כל תכלית בריאת האדם ועסקו בתורה, אינו אלא כדי לתקן ולהשלים אילן ואדם העליון, בהיות נפשותיהם נתקנים, ונחזרות להכלל שם בו.

וזה יועיל מאד להשגת רוה״יק, ע״יי עסק התורה בזאת הכונה. עוד יש אזהרה אחת, והוא כי בהיות האדם עוסק בחכמת האמת, כי כולם גמטריות כנודע, אין ראוי למנות האותיות במספר קטן, אלא כל הגימטריא יהיה

במספר גדול של האותיות, לפי שכל מספר קטן הוא ביצירה, במטטרו״ן הנער.

ובפרשת שלח לך קראוהו בחושבן זעיר דחנוך וע״יש. וחכמת הקבלה הוא באצילות, שבו הוא מספר גדול של האותיות, וכל מי שנפשו אינה מתוקנת בא לדעתו תמיד ענין מספר קטן. גם בענין עסק ההלכה בעיון עם החברים, ראיתי למורי זלה״ה, מתגבר כארי בכח, בעת שהיה עוסק בהלכה, עד שהיה נלאה, ומזיע זיעה גדולה. ושאלתי את פיו מדוע טורח כ״כ, והשיב לי כי הנה העיון לשבר הקליפות שהם הקושיות שיש בהלכה ההיא, שאין מניחים לאדם להבין אותה, ולכן צריך האדם לטרוח ולהתיש כחו אז.

כי לכן נקרא התורה תושיה, שמתשת כחו של העוסק בה, ולכן ראוי לטרוח ולהתיש כחו בהיותו עוסק בהלכה. גם בענין הפלפול ועיון ההלכה, היה מורי זלה״ה אומר, כי תכלית העיון הוא לשבר הקליפות, שהם הקושיות. כי הם גרמו לאותם הקושיות שהם בהלכה, שלא יובנו תירוציהם כ״א בקושי ובדוחק גדול כנודע. ואמנם עסק התורה ממש אינו העיון, רק קריאת התורה בעצמה, בארבע דרכיה, שהם ר״ת פרד״ס כנודע. וכמו שמי שרוצה לאכל האגוז, צריך תחלה לשבר קליפותיה, כן צריך להקדים העיון בתחלה. והיה מורי ז״ל אומר, כי מי ששכלו זך ודק וחריף לעיין ההלכה בשעה, או על הרוב בשתי שעות, ודאי הוא שטוב לו מאד, שיטרח שעה או שתי שעות בתחילה בעיון, לסיבה הנזכרת. אבל מי שמכיר בעצמי, שהוא קשה העיון, וטורח בו זמן הרבה, עד שיעיין ההלכה, לא טוב הוא עושה, ודומה למי שמשבר כל היום אגוזים, ואינו אוכל מה שבתוכם ויותר טוב לו שיעסוק בתורה עצמה, בדינין, ובמדרשים, ובסודות.

ד׳ כתות שאינן מקבלין פני השכינה

ואכתוב עתה קצת מנהגים ואיסורים שאינם רמוזים בתורה. ענין ד׳ עבירות שארז״ל (מסכת סוטה ס״פ אלו נאמרין דף מ״ב, ובסנהדרין ק״יג) עליהם, ד׳ כתות שאינן מקבלין פני השכינה : כת ליצנים, וכת חנפים, וכת שקרנים,

וכת מספרי לשון הרע. דע כי בעולם אצילות, יש ה׳ פרצופין, והם: א״א, יאו״א, וזו״ן. והנה כת ליצים, פוגם בא״א. כת חניפים, באבא. כת שקרנים, באימא. וכת מספרי לשון הרע, בז״א. ולכן כל כת מאלו הד׳ כתות, הפוגמות בד׳ פרצופין הנזכרים, אינם רואים פני השכינה, שהיא הפרצוף הה, הנקרא נוקבא דז״א, כי הם ע״י חטאם פגמו אלו הפרצופין העליונים, ולא נמשך אליה השפע הצריך לה. ודע, כי עון הליצים קל מכולם, ילבן אינו גורם רק סילוק הארת א״א מלהאיר בתחתונים.

ועון ההניפות גדול ממנו, כי גורם סילוק מן התחתונים, גם הארת אבא, שהיא יותר גרועה, ואינו מאיר בתחתונים. ועון השקרנים גדול ממנו, כי גורם לסלק מן התחתונים גם הארת אימא. ועון מספרי לשון הרע חמור מכולם, שגורם לסלק מן התחתונים אפילו הארה התחתונה של ז״א.

והנה עון הליצנות קל מכולם, לפי שאינו עושה שום מעשה כלל, רק בדיבורו הקל היוצא מפיו. ובפרט כמ״ש, כי יושב ומבטל מלעסוק בתורה, נקרא מושב לצים, כמ״ש בפרקי אבות, ר״ש אומר שנים שיושבים ואין ביניהם דברי תורה, הרי זה מושב לצים כו׳.

ונמצא כי הוא קל מאד, ולכן אינו מסלק רק הארת א״א העליונה מכלם, אשר בדבר קל היא מסתלקת, לרוב מעלתו, ומה שגורם הלץ, הוא מבואר אצלי בשער רוה״ק, בתיקון עון הלץ וע״יש, איך באחוריים דאצילות, יש ק״ך צירופים של אלהי״ם, כמנין לץ. כי הליצנות גורם להגביר כח אלו הדינים של ק״ך אלהי״ם שבאחוריים, ומעלה אותם עד כנגד א״א, ואז מסלק הארתו מלהאיר למטה. ואם אינו מתלוצץ, מורידם למטה עד עולם הבריאה. ועון החנפים חמור יותר, לפי שהלצים דוברים אמת, אלא שהוא בדרך ליצנות.

אבל החנפים, אומרים שקרים להחניף חבריהם, ולכן גורמים כי גם אבא יסלק הארתו למעלה. ונלע״ד ששמעתי ממורי ז״יל, כי הניפם גי׳ קפי״ח,

שהוא אחוריים דאבא, שהם אחוריים דהוי״ה דיודיי״ן, שהוא בגימטריא קפ״ה ועם ד׳ אותיות הפשוטות של ההוי״ה עצמה, הרי קפ״ח.

ועון השקרנים חמור ממנו, כי זה המשקר אינו מדבר במי שמשקר, ואינו מזיק בדיבורו. אך מיידי בשקרנים, אשר ע״י נמשך היזק, או חסרון ממון לזולתו, ולכן גורם לסלק גם הארת אימא. ונלע״ד ששמעתי ממורי ז״ל, כי שקרים בגימטדיא תרי״ן, שהם ב״פ שכי״ה דינין, שהם באימא ובמלכות, ושתיתם כלולין למעלה באימא, ולכן פוגם באימא, כי גורם התגברות כל אלו הדינין שבה.

ועון מספרי לשון הרע, הוא חמור מכולם, וכמ״ש רז״ל (ערכין דט״ו) שהוא חמור מעי״ז וג״ע וש״ד, לפי שגורם לשפוך דם חבירו, ולכן פוגם אף בז״א, ומסלק הארתו מן התחתונים, ונשארה השכינה בלי שום הארה כלל, ולכן עון מספרי לשון הרע הוא חמור מכולם. ונודע, כי ז״א הוא אות ו׳ של הוי״ה, והוא נקרא לשון בסוד לשון למודים, ולכן פוגם בז״א, ובסוד לשון המשקל, האמצעי, המכריע בין ב׳ הכפות.

ההליכה בארץ ישראל

מצות ההליכה בא״י, שאמרו ז״ל (כתובות דקי״א) כל המהלך ארבע אמות בא״י נמחלין לו עונותיו, יש במצוה זו ב׳ כונות: הא׳ ברחל, והב׳ בלאה, כי כל א׳ משתיהן נקראת א״י.

פרק 14

גימטרייה
וחלופי תבות

ישנן ידיעת סודות בתורה הוא ע״י הצרופים והגימטריאות
והתמורות וראשי תיבות וסופי תיבות ותוכי תיבות, וראשי פסוקים
וסופי פסוקיסת ודלוג אותיות וצרוף אותיות.

גימטרייה – ערכים מספריים של האותיות

זוהי אחת ממערכות הפרשנות השונות של המשמעויות הנסתרות של התורה, שבהן ערכים ארטמטיים של אותיות, מילים ומשפטים מחושבים כדי למצוא דמיון או השלמה. לכל אות יש ערך מספרי משלה.

30	ל	1	א
40	מ	2	ב
50	נ	3	ג
60	ס	4	ד
70	ע	5	ה
80	פ	6	ו
90	צ	7	ז
100	ק	8	ח
200	ר	9	ט
300	ש	10	י
400	ת	20	כ

לאותיות הסופיות יש גם ערכים מספריים משלהן:

500	ך
600	ם
700	ן
800	ף
900	ץ

ישנם שישה סוגים עיקריים של גימטריות :

* רגיל
* קטן – ערך קטן
* הכללי – ערך בריבוע
* כולל – רגיל בתוספת ערך מספר של אות אחת או כל האותיות
* הפרטי – כל אות בריבוע
* מילוי – סך כל המילוי

1 – רגיל : המספרים של האותיות כדלקמן :

מ	ל	
א	ט	1 - 9
י	צ	10 - 90
ק	ת	100 - 400
ך	ץ	500 - 900

לדוגמא : הארץ = 1106

2 – קטן : עשרות ומאות מופחתים לספרה אחת.

מ	ל	
א	ט	1 - 9
י	צ	1 - 9
ק	ת	1 - 4
ך	ץ	5 - 9

לדוגמא : הארץ = 17

3 – הכללי: הערך הרגיל של המילה בריבוע.

לדוגמא: הארץ = 1106 X 1106 = 1,223,236

4 – כולל: הערך הרגיל של המילה + המספרים של האותיות, או 1 + עבור המילה.

לדוגמא: הארץ = 1106+4 = 1110

או 1106+1 = 1107

5 – הפרטי – כל אות בריבוע.

לדוגמא: הארץ = 5 X 5 = 25, 1 X 1 = 1

200 X 200 = 40,000, 900 X 900 = 810,000 סך הכל – 850,026

6 – מילוי: סכום המילויים של כל אות.

אות	מילוי	
ה	הא	6
א	אלף	111
ר	ריש	510
צ	צדי	104

לדוגמא: הארץ = 731

על פי הגימטרייה, אנו רואים שלכל אות ולכל מילה יש משמעות דינמית מעבר להגדרות הפשוטות. גימטרייה היא רק אחת הדרכים הסודיות של פירוש המשמעויות הנסתרות של התורה.

ישנן גם מערכות תמורה שבין האותיות מוחלפות על ידי אחרות בסדר מוגדר כמו ״אתב״ש״ שבהן האות הראשונה מוחלפת עם האחרונה, האות השנייה עם האות שלפני האחרונה וכו׳. ״נוטריקון״, בו ראשי התיבות של מילים שונות יוצרות מילה חדשה, ומערכות רבות אחרות.

הרמ״ק כותב **בפרדס רימונים**, שער שלשים (שער הצירוף):

ידיעת סודות תורתנו הקדושה הוא ע"יי הצרופים והגימטריאות והתמורות וראשי תיבות וסופי תיבות ותוכי תיבות וראשי פסוקים וסופי פסוקים ודלוג אותיות וצרוף אותיות.

מדרש רבנו בחיי על התורה - בפרושו לפרשת בראשית:
ויש לך לדעת כי יש בידינו קבלה בפסוק זה של ,בראשית' שממנו יוצא שם בן מ"יב המיוחס למדת הדין עד בי"ת של ,בהו', אך על ידי צרופים רבים. ואם תאיר עיני הלב תמצא בו המנין של בהר"יד שזכרתי למעלה, והוא רשום בפרשה, ואותיותיו ארבעתם, בין כל אות ואות מ"יב אותיות. והמשכיל יבין, יוכל להבחין כי אין זה דרך מקרה אבל הוא מופת גמור על חדוש העולם וגו'.

אתב"ש

אתב"יש זה ההיפוך של אותיות הא"יב בשי"ת, האות א' מתחלפת ת', האות ב' מתחלפת ש', האות ג' מתחלפת ר', וכן הלאה.הרעיון הוא לחלק את עשרים ושתיים אותיות לשני טורים מקבילים - האחד מתחיל מאל"ף והשני מתחיל מתי"ו במקום כל אות במילה אותה מצפינים, כותבים את האות המקבילה בטור ההפוך

כ	ל		ת	א
י	מ		ש	ב
ט	נ		ר	ג
ח	ס		ק	ד
ז	ע		צ	ה
ו	פ		פ	ו
ה	צ		ע	ז
ד	ק		ס	ח
ג	ר		נ	ט
ב	ש		מ	י
א	ת		ל	כ

מצוה – מצ באתבי״ש = יה

אומרים מי שנותן צדקה חוזרים לו, צדקה באתבי״ש גם נותן הקדצ

אתבי״ש הוא אחד ממשפחה של החלפה האותיות, יש עוד בהם אבג״ד, אטב״ח, אלב״ם, אח״ס בט״ע, איי״ק בכ״ר. בצורות כתיבה אילו נעזרו חז״ל כדי להטות את פירוש המקרא מהדרך הרגילה ולהראות כוונה צדדית אחרת. אתבי״ש הוא המפורסם מבין שיטות החלפת האותיות התלמודיות ומוזכר במסכת שבת דף קי״ד עמוד א׳. דוגמאות; נאמר במדרש: ״ולא קרב זה אל זה״ (שמות יי״ד) אל תקרי ולא קרב אלא ולא קרא זה אל זה״. כאן התבצעה החלפה של הבי״ת באלי״ף לפי כתב אבג״ד. וכן בתלמוד בבלי מסכת כתובות ס״ז: ״אל תקרי גדיותיך אלא גוויתיך״. לפי חילוף בכתב אטב״ח גזדי״ו, הדלי״ת מתחלפת בוי״ו.

צופן א״ט ב״ח

ט	א
ח	ב
ז	ג
ו	ד
צ	י
פ	כ
ע	ל
ס	מ
ץ	ק
ף	ר
ו	ש
ם	ת
נ	ה

דברי הגדולים על לימוד הקבלה

"אני קורא לכל אחד, להקדיש כל יום זמן ללימוד הקבלה, מפני שבזה תלוי ניקוי נשמתכם". (הרב יצחק כדורי)

פנימיות התורה הם חיים לפנימיות הגוף שהוא הנפש והחיצוניות לחיצוניות הגוף והעוסקים ברמז וסוד אין יצר הרע יכול להתגרות בהם. (הגר"א, אבן שלמה פרק ח' אות כ"ו)

הגאולה לא תהיה רק על ידי לימוד התורה ועיקר הגאולה בלימוד הקבלה. (הגר"א, אבן שלמה פרק י"א אות ג')

כמה גדול חיוב על תלמיד חכם ללמוד קבלה ועונשם כמה גדול אם אינם לומדים קבלה וגורם אורך גלותא כי הם מעכבים הגאולה. כי יעשה בשעה אחת בלמוד הקבלה מה שלא נעשה כלמוד חודש ימים בפשטי התורה כי גדול כחה לקרב הגאולה
(הרב שלום בן משה בוזגאלו - תיקון ל' בספר כסא מלך)

כמה גדול החיוב המוטל על הלומדים החרדים לדבר ה' ללמוד קבלה, ועונשם כמה גדול אם אינם לומדים, כי יעשה בשעה אחת בלימוד הקבלה מה שלא יעשה בלימוד חודש ימים בפשטי התורה. (רבינו חיים וויטאל)

מי שיכול לקנות לו רב שילמדהו קבלה או חבר או מתוך הספרים ומתרשל, גורם אורך גלותא כו', כי לימוד הזוהר בונה עולמות - לימודו כל השנה אינו כלום אם אין מעטרו ביום אחד בלימוד הקבלה, כי שקול הוא כנגד כולם - אם ישתדל בה כל אחד כפי יכולתו אפילו יום לשנה, תורתו כולה עושה פירות למעלה, וכל שכן אם קובע עת לה' שעה אחד

בכל לילה אז מובטח לו שהוא ב"ן עוה"ב מבני היכלא דמלכא ויהי'
מרואי פני המלך היושבים ראשונה במלכותא דרקיעא. וכל שכן אם
יזכה ללמוד ולהבין פי' מאמר אחד יעשה בו תיקון למעלה בשעה אחת
מה שלא יעשה בלימוד הפשט שנה תמימה כו'.
(כסא מלך, הרב שלום ב"ן משה בוזזאלו)

וְאֵין הָאָדָם נִקְרָא שָׁלֵם עַד שֶׁיַּעֲסֹק בְּחָכְמַת הָאֱמֶת כְּמוֹ שֶׁכָּתוּב בְּסַבָּא
דְמִשְׁפָּטִים כְּדֵין אִיהוּ בַּר נָשׁ שָׁלִים בַּעַל תּוֹרָה וַדַּאי מָארֵי דְבֵיתָא וְכוּ'. (רַבִּי
יְהוּדָה פְּתַיָּה)

מֹשֶׁה רַבֵּינוּ כָּתַב הַתּוֹרָה כֻּלָּהּ מִפִּיו שֶׁל הַקָּדוֹשׁ בָּרוּךְ הוּא הוֹדִיעוֹ תְּחִלָּה עִנְיַן
בְּרִיאַת הַשָּׁמַיִם וְהָאָרֶץ וְכָל צְבָאָם וְגַם כֵּן כָּל הַנֶּאֱמַר בִּנְבוּאָה מִמַּעֲשֵׂה מֶרְכָּבָה
וּמַעֲשֵׂה בְּרֵאשִׁית. וְהַכֹּל נִכְתַּב בַּתּוֹרָה בְּפֵרוּשׁ אוֹ בְּרֶמֶז, וְכָל הַנִּמְסָר לְמֹשֶׁה
רַבֵּינוּ בְּשַׁעֲרֵי הַבִּינָה, הַכֹּל נִכְתַּב בַּתּוֹרָה בְּפֵרוּשׁ אוֹ בִּרְמִיזָה בַּתֵּבוֹת אוֹ
בְּגִימַטְרִיּוֹת אוֹ בְּצוּרַת הָאוֹתִיּוֹת אוֹ בְּקוֹצֵי הָאוֹתִיּוֹת וּבְכִתְרֵיהֶן. כִּי הָרְמָזִים
הָאֵלּוּ לֹא יִתְבּוֹנְנוּ אֶלָּא מִפֶּה אֶל פֶּה עַד מֹשֶׁה מִסִּינַי, וּמִנַּיִן יָבוֹא יְחֶזְקֵאל וְיִגַּלֶּה
לָהֶם סִתְרֵי הַמֶּרְכָּבָה. כְּלוֹמַר שֶׁהַכֹּל נִלְמַד מֵהַתּוֹרָה. עוֹד יֵשׁ בְּיָדֵינוּ קַבָּלָה שֶׁל
אֱמֶת, כָּל הַתּוֹרָה שְׁמוֹתָיו שֶׁל הַקָּדוֹשׁ בָּרוּךְ הוּא וּמִפְּנֵי זֶה סֵפֶר תּוֹרָה שֶׁטָּעָה
בּוֹ בְּאוֹת אַחַת בְּמָלֵא אוֹ בְּחָסֵר פָּסוּל. וַאֲנִי הִנְנִי מֵבִיא בִּבְרִית נֶאֱמָנָת לְכָל
הַמִּסְתַּכֵּל בַּסֵּפֶר הַזֶּה, לְבַל יִסְבֹּר סְבָרָה וְאַל יַחֲשֹׁב מַחְשָׁבוֹת בַּדָּבָר מִכָּל
הָרְמָזִים אֲשֶׁר אֲנִי כּוֹתֵב בְּסִתְרֵי הַתּוֹרָה, כִּי אֲנִי מוֹדִיעוֹ נֶאֱמָנָה, שֶׁלֹּא יֻשְׂגּוּ
דְּבָרַי וְלֹא יִוָּדְעוּ כְּלָל בְּשׁוּם שֵׂכֶל וּבִינָה, זוּלָתִי מִפִּי מְקַבֵּל חָכָם, לְאֹזֶן מְקַבֵּל
מֵבִין. אַל יֶהֶרְסוּ אֶל הַשֵּׁם לִרְאוֹת, כִּי הַשֵּׁם אֱלֹקֵינוּ אֵשׁ אוֹכְלָה הוּא, אֵל
קַנָּאוֹת, וְהוּא יַרְאֶה אֶת רְצוּיָיו מִתּוֹרָתוֹ נִפְלָאוֹת.
(רַמְבַּ"ן בְּהַקְדָּמָתוֹ לְפֵרוּשׁוֹ עַל הַתּוֹרָה)

או יאמר "כי המצוה הזאת" וגו' אפשר דבא לרמז על למוד הקבלה שהוא
עקר ביאת האדם לעולם. כמו שכתב הרשב"י עליו השלום כמה פעמים בזהר
הקדוש, דמי שלא למד תורת אמת שהם סודות התורה טוב לו שלא נברא

דבלא זה אין אדם יודע אלהותו יתברך, ויראתו ואהבתו, ועבודתו. וכמו שאמר דוד המלך עליו השלום לשלמה המלך עליו השלום, "דע את אלהי אביך ועבדהו".

והנה יצר הרע דעתו תמיד להדיח בני אדם מדרך טוב לדרך רע. ובפרט הרוצה להתעסק בחכמת הקבלה עושה לו מכשולות ודברים המעכבים אותו ומרשלים אותו. והוא דבא לו בדרך חסידות באמר לו אין הגופות של זה הזמן ראויים לסודות התורה משום דליכא נביאים וליכא רוח הקדש. דבשלמא דורו של משה רבינו עליו השלום שהיה דור דעה היו ראויים לסודות התורה משום דזכו עד שעלה משה רבינו עליו השלום לשמים ולמד מפי הקדוש ברוך הוא פה אל פה ואמר לישראל פה אל פה. ועוד, שהיו קדושים אותו הדור מצד עצמם, עד שמכח קדשתם נגלה עליהם הקדוש ברוך הוא בים, ואמרו כלם "זה אלי ואנוהו" וכמו שאמרו רבותינו זכרונם לברכה: ראתה שפחה על הים מה שלא ראה יחזקאל ובדור הזה אין שום דבר מזה. לזה בא משה רבינו עליו השלום לצוות לישראל ולהזהיר לדורות הבאים, שלא ימנעו מלדעת סודות התורה בכל דור ודור עד סוף הדורות.

וזה שאמר הכתוב: "כי המצוה הזאת" היא למוד הקבלה. "מצוה" עם הכולל גימטריה "הקבלה" ועליה בא להזהירם משה רבינו עליו השלום שלא תשכח מהם לעולם, ולזה אמר "אשר אנכי מצוך היום" דהינו שיכא בכל יום ויום, ולפיכך צריך אתה להתחזק ולהתאמץ בידיעתה. אל תשמעו לדברי יצר הרע כי הנה יצר הרע מדיחך שלא ללמדה משני טענות: אחת, אומר לך זה מעשה מרכבה, צריך נביא ששמע מפי השם שיודיע לנו הדבר על אמתתו. ועכשו בזמננו אין נביא ולא רוח הקדש. זאת ועוד, הלומד קבלה צריך להיות גוף קדוש וטהור ונקי מכל דבר רע, כמו ישראל שיצאו ממצרים שמרב קדשתם שהיו קדושים וטהורים, כיון שעברו בים נגלה עליהם הקדוש ברוך הוא, ועוד, מרב קדשתם ראו אותו פנים בפנים במעמד הר סיני. לאלה באמת שיך למוד הקבלה. אבל גופות הזמן הזה, שגברה סטרא אחרא, הם סרוחים ומטנפים ועל מי תחול הקבלה.

(רבי יעקב אבוחצירא - ספר גנזי המלך)

רַבִּי שִׁמְעוֹן אָמַר, אוֹי לְאוֹתוֹ אָדָם שֶׁאוֹמֵר, כִּי הַתּוֹרָה בָּאָה לְסַפֵּר סִפּוּרִים בִּפְשָׁטוּת וְדִבְרֵי הֶדְיוֹט [שֶׁל עֵשָׂו וְלָבָן וְכַדּוֹמֶה], כִּי אִם כֵּן, אֲפִלּוּ בַּזְּמַן הַזֶּה אָנוּ יְכוֹלִים לַעֲשׂוֹת תּוֹרָה מִדִּבְרֵי הֶדְיוֹט, וְעוֹד יוֹתֵר יָפִים מֵהֶם. וְאִם [הַתּוֹרָה בָּאָה] לְהַרְאוֹת דִּבְרֵי הָעוֹלָם, אֲפִלּוּ שַׁלִּיטֵי הָעוֹלָם יֵשׁ בֵּינֵיהֶם דְּבָרִים מְעֻלִּים יוֹתֵר, אִם כֵּן נֵלֵךְ אַחֲרֵיהֶם וְנַעֲשֶׂה מֵהֶם תּוֹרָה, כְּאוֹתוֹ הָאֹפֶן. אֶלָּא שֶׁכָּל דִּבְרֵי הַתּוֹרָה הֵם דְּבָרִים עֶלְיוֹנִים וְסוֹדוֹת עֶלְיוֹנִים.

הַתּוֹרָה... כֵּיוָן שֶׁיָּרְדָה לָעוֹלָם הַזֶּה, אִם לֹא הָיְתָה מִתְלַבֶּשֶׁת בְּאֵלּוּ הַלְּבוּשִׁים שֶׁבָּעוֹלָם הַזֶּה [שֶׁהֵם הַסִּפּוּרִים וְדִבְרֵי הֶדְיוֹט], לֹא הָיָה יָכוֹל הָעוֹלָם לִסְבֹּל. וְעַל כֵּן סִפּוּר הַזֶּה שֶׁבַּתּוֹרָה הִיא לְבוּשָׁה שֶׁל הַתּוֹרָה. מִי שֶׁחוֹשֵׁב שֶׁאוֹתוֹ הַלְּבוּשׁ הוּא תּוֹרָה מַמָּשׁ וְאֵין בּוֹ דָּבָר אַחֵר, תִּפַּח רוּחוֹ וְלֹא יִהְיֶה לוֹ חֵלֶק לָעוֹלָם הַבָּא. מִשּׁוּם זֶה אָמַר דָּוִד, גַּל עֵינַי וְאַבִּיטָה נִפְלָאוֹת מִתּוֹרָתֶךָ, [דְּהַיְנוּ לְהַבִּיט] מַה שֶׁמִּתַּחַת לִלְבוּשָׁהּ שֶׁל הַתּוֹרָה.

בֹּא וּרְאֵה, יֵשׁ לְבוּשׁ הַנִּרְאֶה לַכֹּל, וְאֵלּוּ הַטִּפְּשִׁים כְּשֶׁרוֹאִים אָדָם לָבוּשׁ יָפֶה, שֶׁנִּרְאֶה לָהֶם הַדּוּר בִּלְבוּשׁוֹ, אֵין מִסְתַּכְּלִים יוֹתֵר, [וְדָנִים אוֹתוֹ עַל פִּי לְבוּשׁוֹ הֶהָדוּר], וְחוֹשְׁבִים אֶת הַלְּבוּשׁ כַּגּוּף [הָאָדָם], וְחוֹשְׁבִים גּוּף [הָאָדָם כְּמוֹ] נִשְׁמָתוֹ. כְּעֵין זֶה הִיא הַתּוֹרָה, יֵשׁ לָהּ גּוּף, וְהוּא מִצְווֹת הַתּוֹרָה הַנִּקְרָאוֹת גּוּפֵי תּוֹרָה. גּוּף הַזֶּה מִתְלַבֵּשׁ בִּלְבוּשִׁים שֶׁהֵם סִפּוּרִים שֶׁל עוֹלָם הַזֶּה, הַטִּפְּשִׁים שֶׁבָּעוֹלָם אֵינָם מִסְתַּכְּלִים אֶלָּא בַּלְּבוּשׁ הַהוּא שֶׁהוּא סִפּוּר הַתּוֹרָה, וְאֵינָם יוֹדְעִים יוֹתֵר, וְאֵינָם מִסְתַּכְּלִים בַּמֶּה שֶׁיֵּשׁ תַּחַת לְבוּשׁ הַהוּא. אֵלּוּ שֶׁיּוֹדְעִים יוֹתֵר אֵינָם מִסְתַּכְּלִים בַּלְּבוּשׁ אֶלָּא בַּגּוּף שֶׁהוּא תַּחַת הַלְּבוּשׁ הַהוּא. הַחֲכָמִים, עַבְדֵי הַמֶּלֶךְ הָעֶלְיוֹן, אוֹתָם שֶׁעָמְדוּ בְּהַר סִינַי, אֵינָם מִסְתַּכְּלִים אֶלָּא בַּנְּשָׁמָה [שֶׁבַּתּוֹרָה], שֶׁהוּא עִקַּר הַכֹּל, תּוֹרָה מַמָּשׁ.

וְלֶעָתִיד לָבוֹא עֲתִידִים לְהִסְתַּכֵּל בַּנְּשָׁמָה שֶׁל נִשְׁמָה שֶׁבַּתּוֹרָה.

בֹּא וּרְאֵה, אַף כָּךְ הוּא לְמַעְלָה, שֶׁיֵּשׁ לְבוּשׁ, גּוּף, נְשָׁמָה, וּנְשָׁמָה לַנְּשָׁמָה. הַשָּׁמַיִם וּצְבָאָם אֵלּוּ הֵם לְבוּשׁ, וּכְנֶסֶת יִשְׂרָאֵל [שֶׁהִיא הַמַּלְכוּת] הִיא גּוּף הַמְקַבֵּל הַנְּשָׁמָה, שֶׁהִיא תִּפְאֶרֶת יִשְׂרָאֵל, [דְּהַיְנוּ זְעֵיר אַנְפִּין], וְעַל כֵּן הַמַּלְכוּת הִיא גְּלוּף לַנְּשָׁמָה, [כִּי זְעֵיר אַנְפִּין מִתְלַבֵּשׁ בָּהּ כְּמוֹ נְשָׁמָה בְּגוּף]. הַנְּשָׁמָה שֶׁאָמַרְנוּ שֶׁזּוֹ תִּפְאֶרֶת יִשְׂרָאֵל הוּא הַתּוֹרָה מַמָּשׁ, [דְּהַיְנוּ נִשְׁמַת הַתּוֹרָה הַנִּזְכָּר

לְעֵיל בַּדִּבּוּר הַסָּמוּךְ, שֶׁבָּה מִסְתַּכְּלִים הַחֲכָמִים], וּנְשָׁמָה לַנְּשָׁמָה זֶה הוּא עַתִּיקָא קַדִּישָׁא [שֶׁבוֹ יִסְתַּכְּלוּ לֶעָתִיד לָבוֹא, כַּנִּזְכָּר לְעֵיל בְּסָמוּךְ], וְהַכֹּל אָחוּז זֶה בָּזֶה, [שֶׁעַתִּיקָא קַדִּישָׁא מִתְלַבֵּשׁ בִּזְעֵיר אַנְפִּין, וּזְעֵיר אַנְפִּין מִתְלַבֵּשׁ בְּמַלְכוּת, וּמַלְכוּת בְּעוֹלָמוֹת בְּרִיאָ"ה יְצִירָ"יה עֲשִׂיָּ"ה וְכָל צְבָאָם]. אוֹי לְאֵלּוּ הָרְשָׁעִים הָאוֹמְרִים שֶׁהַתּוֹרָה אֵינָהּ יוֹתֵר מִסִּפּוּר בִּלְבָד, וְהֵם מִסְתַּכְּלִים בַּלְּבוּשׁ וְלֹא יוֹתֵר. אַשְׁרֵיהֶם הַצַּדִּיקִים הַמִּסְתַּכְּלִים בַּתּוֹרָה כָּרָאוּי.
(זֹהַר, פָּרָשַׁת בְּהַעֲלֹתְךָ דַּף קנ"ב.)

כָּתַב הָרַב רַבִּי שֵׁם טוֹב בְּסֵפֶר הָאֱמוּנוֹת כִּי רַק עַל פִּי חָכְמַת הַקַּבָּלָה תִּוָּשַׁע יְהוּדָה וְיִשְׂרָאֵל תְּשׁוּעוֹת עוֹלָמִים, כִּי רַק הוּא חָכְמַת אֱלֹקִית הַמְּסוּרָה לְחַכְמֵי יִשְׂרָאֵל מִימֵי קֶדֶם וְשָׁנִים קַדְמוֹנִיּוֹת, וְעַל יָדָהּ יִגָּלֶה כְּבוֹד אֱלֹקִים וּכְבוֹד תּוֹרָתוֹ הַקְּדוֹשָׁה. (סֵפֶר סְגֻלַּת יִשְׂרָאֵל לְהַגָּאוֹן הַצַּדִּיק רַבִּי שַׁבְּתַי לִיפְשִׁיץ - מַעֲרֶכֶת ז' אוֹת ה')

אִי אֶפְשָׁר אֶלָּא בְּלִמּוּד הַחָכְמָה הַנִּסְתָּרָה וְהַהִתְמָדָה בַּכַּוָּנָה הָרְאוּיָה בְּמַעֲשֵׂה הַמִּצְוָה וְהַתּוֹרָה וְהַתְּפִלָּה, וְאָז וַדַּאי יִתְיַחֵד קוּדְשָׁא בְּרִיךְ הוּא וּשְׁכִינְתֵּיהּ, וְיַשְׁלִים עֲבוֹדָתוֹ... וְאִם כֵּן אֵין רָאוּי לְהִתְרַשֵּׁל שׁוּם אֶחָד מִיִּשְׂרָאֵל מֵהַשָּׂגַת מִצְוָה זוֹ עַל מַתְכֻּנְתָּהּ, כָּל אֶחָד וְאֶחָד כְּפִי כֹחוֹ, וְהִנֵּה תְּחִלַּת הַיְדִיעָה בִּכְלַל הַמְּצִיאוּיוֹת הָאֵלֶּה, וְאַחַר כָּךְ כְּפִי גֹדֶל הַדַּעַת וְהַיְדִיעָה, כֵּן יַגְדִּיל קִיּוּם מִצְוָה זוֹ. (הָרַמַ"ק רַבֵּינוּ מֹשֶׁה קוֹרְדוֹבֵּירוֹ, אוֹר נֶעֱרָב)

בַּמִּתְקָרְבִים רָאִינוּ ג' כִּתּוֹת: מֵהֶם טוֹעוֹת, מֵהֶם חוֹטְאוֹת, וְהַכַּת הָרְצוּיָה הֵם אוֹתָם הָאוֹחֲזִים לָהֶם דֶּרֶךְ הַיָּשָׁר שֶׁיֵּשׁ לָהֶם חֵלֶק בְּמִקְרָא וְחֵלֶק בַּגְּמָרָא וְהוֹרָאוֹתֶיהָ, שֶׁהֵם אֶצְלֵנוּ כְּמִשְׁנָה, וְחֵלֶק בְּחָכְמָה זוֹ, וְלוֹמְדִים אוֹתָהּ לִשְׁמָהּ לְהִכָּנֵס בְּסוֹדוֹתֶיהָ לָדַעַת אֶת קוֹנָם לְהַשִּׂיג הַמַּעֲלָה הַנִּפְלָאת בְּהַשָּׂגָה הָאֲמִתִּית בִּידִיעַת הַתּוֹרָה, וּלְהִתְפַּלֵּל לִפְנֵי קוֹנָם לְיַחֵד בְּמִצְווֹתָיו הַקָּדוֹשׁ בָּרוּךְ הוּא וּשְׁכִינְתֵּיהּ, וְהִיא הָעֲבוֹדָה הָרְצוּיָה לִפְנֵי בּוֹרֵא כֹל.
(הָרַמַ"ק רַבֵּינוּ מֹשֶׁה קוֹרְדוֹבֵּירוֹ, דַּע אֶת אֱלֹקֵי אָבִיךָ, קנ"ו - קנ"ז)

בַּהֲכָנַת עַצְמוֹ לִהְיוֹת רָאוּי לִכָּנֵס אֶל הַהֵיכָל הַזֶּה, הֵן אֱמֶת, הֵן רָאוּי לְכָל הַבָּא לְמַלֵּא אֶת יָדוֹ לִלְבַּשׁ אֶת בִּגְדֵי הַשְּׂרָד לְשָׁרֵת בַּקֹּדֶשׁ יָבוֹא וְיִלְבַּשׁ חַס וְשָׁלוֹם, אֶלָּא רָאוּי רִאשׁוֹנָה לְהַפְשִׁיט מֵעָלָיו קְלִפַּת הַגַּאֲוָה הַגַּסָּה הַמּוֹנַעַת אוֹתוֹ מִלְהַשִּׂיג הָאֱמֶת, וִיכַוֵּן לִבּוֹ לַשָּׁמַיִם כְּדֵי שֶׁלֹּא יִכָּשֵׁל וְלֹא יִמָּנֶה חֶלְקוֹ מֵהַכַּת הַחוֹטְאַת.

לִלְמֹד קַבָּלָה יָדַעְתִּי כִּי אַתָּה בְּעַצְמְךָ לֹא תִּרְצֶה לִלְמֹד בִּלְעֲדֵי אֵיזֶה גָּדוֹל מִמְּךָ. וְלֹא תִּמְצָא זֶה. רַק תִּלְמַד סֵפֶר הַזֹּהַר. אֲבָל לִפְנֵי כָּל לִמּוּד תְּיַשֵּׁב אֶת עַצְמְךָ שֶׁלֹּא יִהְיֶה מִצְוַת אֲנָשִׁים מְלֻמָּדָה, רַק לְמַעַן הַשֵּׁם יִתְבָּרַךְ. וְלֹא כָּל הָעִתִּים שָׁווֹת: פְּעָמִים שֶׁתּוּכַל לִלְמֹד בְּחֵשֶׁק גָּדוֹל לְמַעַן הַשֵּׁם יִתְבָּרַךְ, אִם תִּזְכֶּה לְהִתְפַּלֵּל בְּמַחֲשָׁבָה זַכָּה, וְלִפְעָמִים בְּמַחֲשָׁבָה קְטַנָּה, אֲבָל הַכֹּל בְּמַחֲשָׁבָה לְמַעַן הַשֵּׁם יִתְבָּרַךְ.

(הָרַב מְשֻׁלָּם פַייבּוּשׁ מִזְּבָּארִיז, יֹשֶׁר דִּבְרֵי אֱמֶת, עַמּוּד כ״ה)

הַהַשְׁגָּחָה, כְּבָר אָמַרְנוּ שֶׁהִיא מַה שֶּׁבֵּין הַבּוֹרֵא לִבְרוּאָיו, וַהֲרֵי מְקוֹמָהּ הוּא הָעִיּוּן בֶּאֱלוֹקוּתוֹ. נַעֲשֶׂה הֶקֵּשׁ עַתָּה: הַקָּדוֹשׁ בָּרוּךְ הוּא מְצַוֶּה אוֹתָנוּ שֶׁנֵּדַע הַשְׁגָּחָתוֹ, וַהֲרֵי אָנוּ רוֹצִים לִלְמֹד מַה שֶּׁיּוֹדִיעֵנוּ הַהַשְׁגָּחָה זֹאת. וּמַה שֶּׁיּוֹדִיעֵנוּ הַהַשְׁגָּחָה זֹאת אֵינוֹ אֶלָּא חָכְמַת הָאֱמֶת, שֶׁהִיא הָעִיּוּן בֶּאֱלוֹקוּתוֹ יִתְבָּרַךְ שְׁמוֹ. אִם כֵּן הֲרֵי אָנוּ רוֹאִים בְּלֹא סָפֵק חוֹבָה לִלְמֹד חָכְמַת הָאֱמֶת.

(רַמְחַ״ל, שַׁעֲרֵי רַמְחַ״ל, מַאֲמַר הַוִּכּוּחַ, עַמּוּד פִי)

אֵין סָפֵק שֶׁמִּכָּל דְּרוּשֵׁי הָעוֹלָם אֵין חָשׁוּב מִדְּרִישַׁת סִתְרֵי תוֹרָה מִפְּנֵי שֶׁהֵם נוֹגְעִים בֶּאֱלֹהוּת, כִּי מְצִיאוּת כָּל מַה שֶּׁנָּתַן תּוֹרָה לְיִשְׂרָאֵל הַכַּוָּנָה לָדַעַת הָאֱלוֹהַּ וּלְעָבְדוֹ.

(הָרַמַ״ק רַבֵּינוּ מֹשֶׁה קוֹרְדוֹבֵּירוֹ, דַּע אֶת אֱלֹקֵי אָבִיךָ, ה')

אֵינֶנּוּ מְחַדְּשִׁים דָּבָר. עֲבוֹדָתֵנוּ הִיא רַק לְהָאִיר עַל מַה שֶּׁחָבוּי בְּתוֹכוֹ שֶׁל אָדָם.

(רַבֵּינוּ מְנַחֵם מֶנְדְל מִקּוֹצְק זְכוּתוֹ יָגֵן עָלֵינוּ אָמֵן)

אָמְנָם יֵשׁ בָּזֶה דָּבָר גָּדוֹל וְרָאוּי לְפַרְסְמוֹ, כִּי יֵשׁ סְגֻלָּה נִפְלָאָה לְאֵין עֲרוֹךְ, לָעוֹסְקִים בְּחָכְמַת הַקַּבָּלָה, שֶׁאַף עַל פִּי שֶׁאֵינָם מְבִינִים מַה שֶּׁלּוֹמְדִים, אֶלָּא

153

מִתּוֹךְ הַחֵשֶׁק וְהָרָצוֹן הֶחָזָק, לְהָבִין מַה שֶׁלוֹמְדִים, מְעוֹרְרִים עֲלֵיהֶם אֶת הָאוֹרוֹת הַמַּקִּיפִים אֶת נִשְׁמָתָם. פֵּרוּשׁ, כִּי כָּל אָדָם מִיִּשְׂרָאֵל מֻבְטָח בְּסוֹפוֹ, שֶׁיַּשִׂיג כָּל הַהַשָּׂגוֹת הַנִּפְלָאוֹת, אֲשֶׁר חָשַׁב הַשֵּׁם יִתְבָּרֵךְ בְּמַחְשֶׁבֶת הַבְּרִיאָה לְהֵנוֹת לְכָל נִבְרָא. אֶלָּא מִי שֶׁלֹא זָכָה בְּגִלְגוּל זֶה, יִזְכֶּה בְּגִלְגוּל בּ׳ וְכוּ׳, עַד שֶׁיִּזְכֶּה לְהַשְׁלִים מַחְשֶׁבֶת הַבּוֹרֵא שֶׁחָשַׁב עָלָיו. (רַבִּי יְהוּדָה אַשְׁלָג, הַקְדָּמָה לְתַלְמוּד עֶשֶׂר סְפִירוֹת, אוֹת קנ״ה)

הִנֵּה מִינֵי הָעֲבוֹדָה תִּתְחַלֵּק לִשְׁלֹשָׁה חֲלָקִים, הָאֶחָד הָעוֹבֵד סְתָם שֶׁאֵינוֹ נוֹתֵן לֵב לָדַעַת, אֵינוֹ שׁוֹמֵר כָּל מִצְווֹת הַתּוֹרָה וּמִצְוָה, וְאֵינוֹ יוֹדֵעַ שׁוּם בְּחִינָה בֶּאֱלֹהוּת אֶלָּא מַכִּיר שֶׁיֵּשׁ אֱלוֹהַּ נָתַן תּוֹרָה לְיִשְׂרָאֵל וְצִוָּה שֶׁיַּעַבְדוּהוּ, וּמִכְּלָל אֵלּוּ כְּשֵׁרֵי עַם הָעוֹבְדִים לְתֻמָּם.
וְהַשֵּׁנִית הֵם הַפִּילוֹסוֹפִים שֶׁחָשְׁבוּ עַל עִקַּר הָאֱלֹהוּת וְהִשִּׂיגוּהוּ וְהִגְשִׁימוּהוּ וְכַיּוֹצֵא, וְאֵלּוּ הַמַּחֲלִיפִים הֵם קְרוֹבִים לַעֲבֹד זוּלָתוֹ, אֶלָּא שֶׁלִּבָּם נָכוֹן לָאֱמֶת וּמַעֲשֵׂיהֶם רְצוּיִים וְכַוָּנָתָם בִּלְתִּי רְצוּיָה.
וְהַשְּׁלִישִׁית הֵם אוֹתָם שֶׁעָמְדוּ עַל סוֹד הַשֵּׁם וְהֶעֱמִיקוּ בְּדִבְרֵי רַבִּי שִׁמְעוֹן וְסִתְרֵי סוֹדוֹתָיו, וְהִכִּירוּ וְיָדְעוּ אֶת אֱלֹהֵי אֲבִיהֶם בִּידִיעָה וְלֹא הֶחֱלִיפוּ לְזוּלָתוֹ, וְלֹא עָבְדוּ כְּאוֹתָם הַסְּתוּמִים עֵינֵי הַשֵּׂכֶל.
וְהִנֵּה אֵלּוּ הַשְּׁלִישִׁים הֵם הַמֻּבְחָרִים עַד שֶׁאֵלּוּ הֵם שֶׁכּוּנוּ לְהַצְדִּיק מַעֲשֵׂיהֶם עַל כַּוָּנַת בְּרִיאָתָם שֶׁלֹּא נִבְרָא אָדָם אֶלָּא לִשְׁנֵי עִנְיָנִים אֵלּוּ, הָא׳ לַעֲבֹד הַב׳ לְהַכִּיר, וְאֵלּוּ הַיּוֹדְעִים עָמְדוּ עַל שְׁנֵיהֶם עָבְדוּ וְהִכִּירוּ, וְעַל שְׁנֵיהֶם אָמַר דָּוִד הַמֶּלֶךְ וְהִזְהִיר ״דַּע אֶת אֱלֹהֵי אָבִיךָ וְעָבְדֵהוּ״, הַיּוֹדֵעַ עוֹבֵד בִּשְׁלֵמוּת, וְהַבִּלְתִּי יוֹדֵעַ עוֹבֵד, אֲבָל לֹא בִּשְׁלֵמוּת לְכָךְ הִקְדִּים וְאָמַר דַּע. (רַבֵּינוּ הָרַמַ״ק הָרַב מֹשֶׁה קוֹרְדּוֹבֵּירוֹ, דַּע אֶת אֱלֹקֵי אָבִיךָ, ה׳)

הַחִבּוּר הַזֶּה לֹא יֵעָדֵר וְלֹא יֵעָלֵם אֶלָּא יִתְחַבֵּר וְיִכָּתֵב וְיִסָּדֵר, כִּי אֵין חֲשָׁשׁ בִּכְתִיבָתוֹ מִשּׁוּם דְּלָא יִמָּנַע הַבָּא לַעֲסֹק בּוֹ הוּא צַדִּיק אוֹ רָשָׁע, אִם הוּא צַדִּיק, אַדְּרַבָּה, הַחִבּוּר הַזֶּה הוּא כְּמוֹ תֵּבַת נֹחַ שֶׁאוֹסֵף וְשׁוֹאֵב אוֹתוֹ אֵלָיו בַּשַּׁעַר לַהַשֵּׁם שֶׁאוֹסֵף הַצַּדִּיקִים אֶל תּוֹךְ הַהֵיכָל פְּנִימָה. (רַבֵּינוּ הָרַמַ״ק הָרַב מֹשֶׁה קוֹרְדּוֹבֵּירוֹ, דַּע אֶת אֱלֹקֵי אָבִיךָ, יי״א)

וְהַלּוֹמֵד בַּתּוֹרָה לָדַעַת כְּמִי שֶׁלּוֹמֵד בְּסֵפֶר הַזִּכְרוֹנוֹת, זֶה וַדַּאי לֹא יוֹעִיל בְּלִמּוּד וְלֹא יַגִּיעֵהוּ מִמֶּנּוּ תּוֹעֶלֶת, וְהַלְוַאי שֶׁלֹּא יַפְסִיד, אֲבָל כַּאֲשֶׁר יָבוֹא הָאָדָם לִלְמֹד בַּתּוֹרָה צָרִיךְ שֶׁיִּהְיֶה כַּוָּנָתוֹ שֶׁהוּא לוֹמֵד הָעִנְיָן הַהוּא בַּמֶּה שֶׁהֵם דְּבָרִים אֱלֹהִיִּים שֶׁנֶּעְלָם מִמֶּנּוּ עֹצֶם פְּנִימִיּוּתָם, וּבַדָּבָר הַזֶּה יִיטַב הֶבֶל הַתּוֹרָה הַיּוֹצֵא מִפִּיו לִפְנֵי הַקָּדוֹשׁ בָּרוּךְ הוּא. (רַבֵּינוּ הָרַמַ"ק הָרַב מֹשֶׁה קוֹרְדּוֹבֵּירוֹ, דַּע אֶת אֱלֹקֵי אָבִיךָ, נ"ט)

וְהָעִנְיָן, כִּי מִי שֶׁלֹּא לָמַד דֶּרֶךְ הַסּוֹד כְּלָל וְיַשְׁלֵם בַּעֲבוֹדָה תַּכְלִית הַשְּׁלֵמוּת, יִזְכֶּה אֶל מַדְרֵגַת עֶבֶד שָׁלֵם, וּלְעוֹלָם לֹא יוּכַל לִזְכּוֹת אֶל מַדְרֵגַת בֵּן, וְהַטַּעַם, שֶׁהוּא לוֹמֵד עַל מְנָת לְקַבֵּל פְּרָס. (רַבֵּינוּ הָרַמַ"ק הָרַב מֹשֶׁה קוֹרְדּוֹבֵּירוֹ, דַּע אֶת אֱלֹקֵי אָבִיךָ, קמ"ט)

מִי שֶׁהוּא שָׁלֵם גַּם בְּסִתְרֵי תּוֹרָה נִקְרָא מַשְׂכִּיל. מִי שֶׁיֵּשׁ בְּיָדָיו מִקְרָא מֵאוֹת ה' אַחֲרוֹנָה שֶׁבַּשֵּׁם נִשְׁלַח לוֹ מַלְאָךְ לְשָׁמְרוֹ, וְאִם יֵשׁ בְּיָדוֹ מִשְׁנָה וְתַלְמוּד עִם הַמִּקְרָא נִזְקָקִין לוֹ בִּ' אוֹתִיּוֹת אַחֲרוֹנוֹת וָ"ה מִשֵּׁם הֲוָיָ"ה לִשְׁלֹחַ לוֹ בִּ' מַלְאָכִים לְשָׁמְרוֹ, וְאִם יֵשׁ בְּיָדוֹ מִקְרָא, מִשְׁנָה, תַּלְמוּד, אַגָּדָה, וְסִתְרֵי תּוֹרָה וְסֵפֶר יְצִירָה, וְאֵינוֹ שָׁלֵם בְּחָכְמַת הַקַּבָּלָה, נִקְרָא חָכָם וְנָבוֹן, וְאֵינוֹ נִקְרָא מַשְׂכִּיל. וְכָל הַשֵּׁם הַמְיֻחָד רֻבּוֹ כְּכֻלּוֹ זָקוּק לְשָׁמְרוֹ, וּמִי שֶׁהוּא שָׁלֵם בְּכָל הַדְּבָרִים הַנִּזְכָּרִים, כָּל אוֹתִיּוֹת הֲוָיָ"ה זוֹכִים לְשָׁמְרוֹ לְעוֹלָם. (חֶסֶד לְאַבְרָהָם לְרַבֵּינוּ אַבְרָהָם אֲזוּלַאי, עֵין הַקּוֹרֵא נָהָר יִ"ג)

הִנֵּה נוֹדַע מִפִּי סוֹפְרִים וּפִי סְפָרִים אֲשֶׁר לִמּוּד חָכְמַת הַקַּבָּלָה הוּא מְחֻיָּב בְּהֶחְלֵט לְכָל אָדָם מִיִּשְׂרָאֵל, וְלוּ לָמַד אָדָם כָּל הַתּוֹרָה כֻּלָּה, וּבְקִי בְּשַׁ"ס וּפוֹסְקִים בְּעַל פֶּה, גַּם מְמֻלָּא בְּמִדּוֹת וּבְמַעֲשִׂים טוֹבִים יוֹתֵר מִכָּל בְּנֵי דוֹרוֹ וְלֹא לָמַד חָכְמַת הַקַּבָּלָה, הוּא מְחֻיָּב לְהִתְגַּלְגֵּל וְלָבוֹא עוֹד פַּעַם בָּעוֹלָם הַזֶּה כְּדֵי לִלְמֹד רָזֵי תוֹרָה וְחָכְמַת הָאֱמֶת, שֶׁזֶּהוּ מוּבָא בְּכַמָּה מְקוֹמוֹת בְּמִדְרְשֵׁי חֲכָמֵינוּ זִכְרוֹנָם לִבְרָכָה. וְהוּא חִיּוּב גָּמוּר בְּהֶחְלֵט עַל כָּל אָדָם מִיִּשְׂרָאֵל, לִלְמֹד וּלְהָבִין רָזִין דְּאוֹרַיְתָא וְכָל דַּרְכֵי הַשְׁפָּעוֹתָיו יִתְבָּרֵךְ לַתַּחְתּוֹנִים, שֶׁהֵם עִקַּר חָכְמַת הָאֱמֶת וּשְׂכַר הַנְּשָׁמוֹת לֶעָתִיד לָבוֹא. (רַבִּי יְהוּדָה אַשְׁלַג, הַקְדָּמָה לַסֵּפֶר פִּי חָכָם)

אֵין חַכְמֵי הַגּוֹיִים, שֶׁכֻּלָּם אֵינָם יוֹדְעִים בִּיצִירָה מַה שֶׁיּוֹדֵעַ קָטָן שֶׁבְּיִשְׂרָאֵל. וְתוֹעֶלֶת שְׁאָר הַחָכְמוֹת לִהְיוֹת סֻלָּם לְחָכְמַת יְדִיעַת הַבּוֹרֵא. (רַבֵּינוּ מֹשֶׁה בֶּן נַחְמָן, הָרַמְבַּ"ן, כִּתְבֵי רַמְבַּ"ן, מַאֲמַר תּוֹרַת ה' תְּמִימָה, עַמּוּד קנ"ה)

חַיָּבִים לָדַעַת אוֹתָהּ, כִּי מִצְוָה הִיא עָלֵינוּ: "וְיָדַעְתָּ הַיּוֹם וַהֲשֵׁבֹתָ אֶל לְבָבֶךָ, כִּי הַשֵּׁם הוּא הָאֱלֹקִים". הֲרֵי שֶׁחַיָּבִים אֲנַחְנוּ לֵידַע בִּידִיעָה וְלֹא בֶּאֱמוּנָה בִּלְבַד, אֶלָּא בִּדְבָרִים הַמִּתְיַשְּׁבִים עַל הַלֵּב. (הָרַמְחַ"ל, סֵפֶר מִלְחֶמֶת מֹשֶׁה, כְּלָלִים, עַמּוּד שמי"ט)

כָּל חָכְמַת הַקַּבָּלָה הִיא רַק לָדַעַת הַנְהָגָתוֹ שֶׁל הָרָצוֹן הָעֶלְיוֹן, עַל מַה בָּרָא כָּל הַבְּרִיּוֹת הָאֵלֶּה? וּמַה הוּא רוֹצֶה בָּהֶם? וּמַה יִּהְיֶה סוֹף כָּל סִיבּוּבֵי הָעוֹלָם? וְאֵיךְ מִתְפָּרְשִׁים כָּל הַגִּלְגּוּלִים הָאֵלֶּה אֲשֶׁר לְעוֹלָם, שֶׁהֵם כָּל כָּךְ זָרִים, כִּי כְּבָר שַׁעַר הָרָצוֹן הָעֶלְיוֹן בְּעַצְמוֹ סִיבּוּב הַנְהָגָה זֹאת הַגּוֹמֶרֶת בִּשְׁלֵמוּת גָּמוּר. וְאֵלֶּה הַשִּׁעוּרִים הֵם מַה שֶׁאָנוּ מְפָרְשִׁים בְּסוֹד הַסְּפִירוֹת וְהָעוֹלָמוֹת. (הָרַמְחַ"ל, דַּעַת תְּבוּנוֹת עַמּוּד כא)

וּמַה יַּעֲשׂוּ הַפְּתָאִים הַיָּתוֹשִׁים אֲשֶׁר בִּזְמַנֵּנוּ זֶה, בִּהְיוֹתָם חֲכָמִים שְׂמֵחִים בְּחֶלְקָם וְשָׂשִׂים בַּעֲבוֹדָתָם, וְאֵינָם יוֹדְעִים כִּי מִיִּרְאָתָם לִכָּנֵס בָּהּ הֵם נִמְנָעִים מִלְהִתְעַסֵּק בָּהּ כַּנִּזְכָּר, וְעַל כֵּן גִּבְעוֹת אֵלּוּ נִתְקַלְקְלוּ, וְלִבָּם שֹׁרֶשׁ פֹּרֶה רֹאשׁ וְלַעֲנָה, וְעָלְתָה בָהֶם חֲלוּדַת טִיט וָרֶפֶשׁ, לִכְפֹּר בְּחָכְמַת הָאֱמֶת, וְאוֹמְרִים שֶׁאֵין בַּתּוֹרָה אֶלָּא פְּשָׁטֶיהָ וּלְבוּשֶׁיהָ בִּלְבַד, וְאֵין סָפֵק כִּי לֹא יִהְיֶה לָהֶם חֵלֶק בָּעוֹלָם הַבָּא, וַעֲלֵיהֶם נֶאֱמַר "הִנֵּה עֲבָדַי יֹאכֵלוּ וְאַתֶּם תִּרְעָבוּ". (רַבֵּי חַיִּים וִיטַאל, כִּתְבֵי הָאֲרִ"י, הַקְדָּמַת עֵץ חַיִּים חֵלֶק א')

הַתַּלְמִידֵי חֲכָמִים הָעוֹסְקִים בַּתּוֹרָה לִשְׁמָהּ וְלֹא לִשְׁמוֹ לַעֲשׂוֹת לוֹ שֵׁם, צָרִיךְ שֶׁיַּעֲסֹק בַּתְּחִלָּה בְּחָכְמַת הַמִּקְרָא וְהַמִּשְׁנָה וְהַתַּלְמוּד כְּפִי מַה שֶׁיּוּכַל שִׂכְלוֹ לִסְבֹּל, וְאַחַר כֹּל יַעֲסֹק לָדַעַת אֶת קוֹנוֹ בְּחָכְמַת הָאֱמֶת, וּכְמוֹ שֶׁצִּוָּה דָּוִד הַמֶּלֶךְ עָלָיו הַשָּׁלוֹם אֶת שְׁלֹמֹה בְּנוֹ "דַּע אֶת אֱלֹקֵי אָבִיךָ וְעָבְדֵהוּ", וְאִם הָאִישׁ הַזֶּה יִהְיֶה כָּבֵד וְקָשֶׁה בְּעִנְיַן הָעִיּוּן בַּתַּלְמוּד, מוּטָב לוֹ שֶׁיַּנִּיחַ אֶת יָדוֹ מִמֶּנּוּ אַחַר

156

שֶׁבָּחַן מַזָּלוֹ בְּחָכְמָה זֹאת וְיַעֲסֹק בְּחָכְמַת הָאֱמֶת, וְזֶהוּ שֶׁאָמְרוּ: כָּל תַּלְמִיד חָכָם שֶׁאֵינוֹ רוֹאֶה סִימָן יָפֶה בְּתַלְמוּד בַּחֲמֵשֶׁת שָׁנִים שׁוּב אֵינוֹ רוֹאֶה. (רַבֵּי חַיִּים וִיטַאל, הַקְדָּמַת עַל שַׁעַר הַהַקְדָּמוֹת דַּף ב')

וְהַדּוֹבְרִים עָתֵק עַל הָעוֹסְקִים בְּסִפְרֵי הַקַּבָּלָה בְּגַאֲוָה וּבוּז, עֲתִידִין לִתֵּן אֶת הַדִּין, כִּי תֵּאָלַמְנָה שִׂפְתֵיהֶם בָּזֶה וּבַבָּא, כִּי יִסָּכֵר פִּי דוֹבְרֵי שֶׁקֶר הַמִּתְהַלְּלִים בָּאֱלִילִים מַעֲשֵׂה יְדֵי אָדָם, בַּמּוֹפְתִים הַמֻּרְגָּשִׁים, כְּפִי הַנִּגְלֶה לְסַנְוֵרֵי עֵינֵיהֶם, וְאֶת פֹּעַל הַשֵּׁם הָרוּחָנִי לֹא יַבִּיטוּ, כִּי הוּא נְשָׁמָה לַמֻּרְגָּשׁ, וְדַי לָהֶם סִכְלוּתָם לְעֹנֶשׁ נַפְשָׁם. (סֵפֶר כֶּתֶם פָּז לְרַבֵּי שִׁמְעוֹן בֶּן לָבִיא, מְחַבֵּר שִׁיר בַּר יוֹחָאי, טוֹב וָרַע הַנִּכְלָל בָּאָדָם)

כָּל אֶחָד מַה שֶּׁמְּלַמְּדִין אוֹתוֹ בְּבֶטֶן אִמּוֹ כֵּן יֵשׁ יְכֹלֶת בְּיָדוֹ לְהַשִּׂיג. וּמִי שֶׁהָיָה יָכוֹל לְהַשִּׂיג סוֹדוֹת הַתּוֹרָה וְהוּא לֹא יִשְׁתַּדֵּל לְהַשִּׂיגָן, נִדּוֹן בְּדִינִין קָשִׁין. (הַגָּאוֹן רַבִּי אֵלִיָּהוּ מְוִילְנָה, הַגְּרָ"א, אֶבֶן שְׁלֵמָה חֵלֶק כ"ד)

קֹדֶם הַתְּפִלָּה יִקְבַּע עַצְמוֹ לִלְמֹד מִשְׁנָיוֹת, גְּמָרָא, זֹהַר. וְלֹא יִתְפַּלֵּל עַד שֶׁיִּלְמֹד בַּזֹּהַר הַקָּדוֹשׁ הֵן רַב הֵן מְעַט. (שֻׁלְחָן הַטָּהוֹר סִימָן צ"ג אוֹת ב')

הִנֵּה רַשְׁבַּ"י חִבֵּר סֵפֶר הַזֹּהַר, לְפִי הַהָאָרָה אֲשֶׁר הִגִּיעַ אֵלָיו בְּהִתְקַנּוֹ בַּמְּעָרָה, וְעִנְיָנוֹ חִבּוּר עַל הַתּוֹרָה מְבָאֵר סוֹדוֹת גְּדוֹלִים לְפִי סִדְרֵי הַתּוֹרָה עַצְמָהּ. וּשְׁאָר הַסְּפָרִים אֲשֶׁר נַעֲשׂוּ מִן הָאַחֵרִים, כְּגוֹן סֵפֶר יְצִירָה וּפִרְקֵי הֵיכָלוֹת וְכַיּוֹצֵא. וְכָל הַסְּפָרִים אֲשֶׁר לָרִאשׁוֹנִים, כְּגוֹן סֵפֶר רָזִיאֵל, סִפְרָא דִּחֲנוֹךְ וְכַיּוֹצֵא, אֵינָם עַל הַתּוֹרָה וּלְפִי סִדְרֵי תוֹרָה. אַךְ זֶהוּ חִבּוּר גָּדוֹל וְנוֹרָא הַמְגַלֶּה עֹמֶק הַסּוֹדוֹת בְּבֵרוּר רַב עַל הַתּוֹרָה עַצְמָהּ, וְזֶהוּ נִקְרָא גִּלּוּי הַתּוֹרָה בִּפְנִימִיּוּתָהּ, כְּמוֹ שֶׁעָתִיד הַקָּדוֹשׁ בָּרוּךְ הוּא לְגַלּוֹת הַתּוֹרָה עַצְמָהּ בְּיֶתֶר פְּנִימִיּוּת עֲמֻקָּה גַּם כֵּן לֶעָתִיד לָבוֹא. (רַבֵּי רַבִּי מֹשֶׁה חַיִּים לוּצָאטוֹ, הָרַמְחַ"ל, אַדִּיר בַּמָּרוֹם, עַמּוּד כ"ד)

וְהָיָה רַבִּי שִׁמְעוֹן בַּר יוֹחַאי מְגַלֶּה סוֹדוֹת הַתּוֹרָה, וַחֲבֵרִים מַקְשִׁיבִים לְקוֹלוֹ וּמִתְחַבְּרִים עִמּוֹ לִהְיוֹת בַּחִבּוּר זֶה, כָּל אֶחָד עוֹנֶה חֶלְקוֹ. כְּמוֹ שֶׁנַּעֲשֵׂית הַמִּשְׁנָה

עַל יְדֵי הַתַּנָּאִים, וְרַבֵּנוּ הַקָּדוֹשׁ חִבֵּר סְבָרַת כֻּלָּם וְעָשָׂה מֵהֶם סֵפֶר הַמִּשְׁנָה. כָּךְ רָצָה רַבִּי שִׁמְעוֹן בַּר יוֹחַאי שֶׁיְּחֻבַּר סֵפֶר כָּלוּל מִמַּאַמְרֵי כָּל בְּנֵי יְשִׁיבָתוֹ, וְיִהְיֶה הַסֵּפֶר מְחֻבָּר עַל הַתּוֹרָה. כִּי הַחִבּוּרִים מְדַבְּרִים עַל עִנְיָנִים פְּרָטִים, אַךְ הַזֹּהַר הַנַּעֲשֶׂה עַל הַתּוֹרָה זֶה נִקְרָא הַפֶּתַח הַגָּדוֹל שֶׁל כְּלָלוּת הַתּוֹרָה. וְהִנֵּה רַבִּי שִׁמְעוֹן בַּר יוֹחַאי צִוָּה לְרַבִּי אַבָּא לִהְיוֹת כּוֹתֵב וּמְסַדֵּר אֶת כָּל הַדְּבָרִים אֲשֶׁר יְדַבְּרוּ הַחֲכָמִים בְּנֵי הַיְשִׁיבָה, בְּכָל זְמַן וּזְמַן וּבְכָל מָקוֹם שֶׁהֵם, אֶת הַכֹּל יְסַדֵּר לְפִי סֵדֶר הַתּוֹרָה. (רמח"ל, אַדִּיר בַּמָּרוֹם, עֲמוּד כ"ד)

וְהָרָגִיל בְּסֵפֶר הַזֹּהַר וְהַתִּקּוּנִים וְסִפְרֵי הַמְקֻבָּלִים, בְּעֵינָיו יִרְאֶה וּלְבָבוֹ יָבִין גֹּדֶל מַעֲלַת חָכְמָה זוֹ, וְיִמְסֹר נַפְשׁוֹ עָלֶיהָ, וּלְפוּם צַעֲרָא אַגְרָא. אָמְנָם אַף מִי שֶׁאֵין לוֹ יָד בְּחָכְמָה זוֹ לֹא יִמָּנַע מִשׁוּט בְּסִפְרֵי הַמְקֻבָּלִים הַמְפָרְשִׁים כַּוָּנַת הַתְּפִלּוֹת וּבְרָכוֹת וּמִצְווֹת. כִּי אָז בִּשְׁעַת מַעֲשֶׂה יִתְלַהֵב לִבּוֹ בְּזָכְרוֹ כִּי הֵם דְּבָרִים הָעוֹמְדִים בְּרוּמוֹ שֶׁל עוֹלָם עֹמֶק עָמֹק וְגָבוֹהַּ מֵעַל גָּבוֹהַּ. אַשְׁרֵי יְלוּד אִשָּׁה הַבּוֹנֶה בַּשָּׁמַיִם עֲלִיּוֹתָיו וְלֹא יְהֵא עוֹבֵד בִּתְפִלָּתוֹ לְקַבֵּל פְּרָס, רַק יְכַוֵּן לְתַקֵּן הַדְּבָרִים שֶׁשָּׁרְשׁוּ לָדַעַת קְדוֹשִׁים אֲשֶׁר בָּאָרֶץ הֵמָּה וְאַדִּירֵי כָּל חֶפְצִי בָם, וְלִבּוֹ לָמוֹ אָב יִצְעַק, שֶׁמַּעֲשֵׂה יָדֵינוּ יְכוֹנֵן עָלֵינוּ. (חַיִּים שָׁאַל, מַעֲרֶכֶת גְּדוֹלִים, עֶרֶךְ סוֹד)

דַּע, כִּי נִשְׁמוֹת הַצַּדִּיקִים יֵשׁ מֵהֶם מִבְּחִינַת אוֹר הַמַּקִּיף. וְיֵשׁ מֵהֶם שֶׁהֵם מִבְּחִינַת אוֹר פְּנִימִי. וְכָל אוֹתָם שֶׁהֵם מִצַּד אוֹר מַקִּיף, יֵשׁ בָּהֶם כֹּחַ לְדַבֵּר בְּנִסְתָּרוֹת וְסוֹדוֹת הַתּוֹרָה דֶּרֶךְ כִּסּוּי וְהֶעְלֵם גָּדוֹל, כְּדֵי שֶׁלֹּא יוּבְנוּ אֶלָּא לְמִי שֶׁרָאוּי לַהֲבִינָם. וְהִנֵּה רַבִּי שִׁמְעוֹן בַּר יוֹחַאי עָלָיו הַשָּׁלוֹם, הָיְתָה נִשְׁמָתוֹ מִצַּד אוֹר הַמַּקִּיף. וְלָכֵן הָיָה בּוֹ כֹּחַ לְהַלְבִּישׁ הַדְּבָרִים וּלְדָרְשָׁם, בְּאֹפֶן שֶׁאַף אִם יִדְרְשֵׁם לָרַבִּים, לֹא יְבִינֵם אֶלָּא מִי שֶׁרָאוּי לַהֲבִינָם. וְלָכֵן נִתַּן לוֹ "רְשׁוּת" לִכְתֹּב סֵפֶר הַזֹּהַר. וְלֹא נִתַּן "רְשׁוּת" לְרַבּוֹתָיו אוֹ לָרִאשׁוֹנִים אֲשֶׁר קָדְמוּ לוֹ, לִכְתֹּב סֵפֶר בַּחָכְמָה הַזֹּאת, עִם הֱיוֹת שֶׁוַּדַּאי הָיוּ יוֹדְעִים בַּחָכְמָה הַזֹּאת יוֹתֵר מִמֶּנּוּ. אֲבָל הַטַּעַם הוּא שֶׁלֹּא הָיָה בָּהֶם כֹּחַ לְהַלְבִּישׁ הַדְּבָרִים כָּמוֹהוּ. (שַׁעַר מַאַמְרֵי רשב"י לְהָאֲרִ"י, בְּפָרְשַׁת מִשְׁפָּטִים זֹהַר, דַּף ק')

דַּע כִּי כָּל הַתּוֹרָה כֻּלָּה הִיא כְּמוֹ פֵּרוּשׁ לְשֵׁם הַשֵּׁם יִתְבָּרַךְ, וְזֶה סוֹד "תּוֹרַת הַשֵּׁם" בְּוַדַּאי... כָּל הַתּוֹרָה כֻּלָּה נֶאֱגֶרֶת עַל הַכִּנּוּיִים, עַל הַשֵּׁמוֹת. וְהַשֵּׁמוֹת הַקְּדוֹשִׁים כֻּלָּם תְּלוּיִים עַל שֵׁם הַשֵּׁם וְכֻלָּם מִתְאַחֲדִים בּוֹ. נִמְצֵאת כָּל הַתּוֹרָה כֻּלָּה נֶאֱגֶרֶת עַל שֵׁם הַשֵּׁם. (רַבִּי יוֹסֵף בֶּן אַבְרָהָם גִּיקְטִילָה, שַׁעֲרֵי אוֹרָה)

לִמּוּד סֵפֶר הַזֹּהַר מְרוֹמֵם עַל כָּל לִמּוּד בְּשֶׁגַּם לֹא יָדַע מַאי קָאָמַר וְאַף שֶׁיִּטְעֶה בִּקְרִיאָתוֹ. וְהֶאֱרִיךְ בָּזֶה בְּמִגְדָּל עֹז (כְּפַר חַבַּ"ד תשמ) עַמּוּד תלח מִכַּמָּה וְכַמָּה מְקוֹרוֹת שֶׁאֲפִילוּ לֹא יָדַע מַאי קָאָמַר מִכָּל מָקוֹם נֶחְשָׁב לִמּוּד. וְעַיֵּן לְהַלָּן הֶעָרָה מִמַּעֲבַר יַבֹּק. וְאוּלַי לְפִי מַה שֶׁכָּתַבְנוּ לְעֵיל, שֶׁלִּמּוּד הַזֹּהַר בִּכְלָל שְׁלִישׁ בַּמִּקְרָא. מוּבָן שֶׁדִּינוֹ כְּמִקְרָא לְגַמְרֵי, וְיוֹצֵא אֲפִילוּ אֵינוֹ מֵבִין פֵּרוּשׁ הַמִּלּוֹת. וּכְדִלְעֵיל לְעִנְיַן אַגָּדוֹת. (הָרַב מָרְדְּכַי שְׁמוּאֵל אַשְׁכְּנַזִי רַאַבָּ"ד כְּפַר חַבַּ"ד,)

וּמַה שֶׁכָּתוּב בַּזֹּהַר עֹנֶשׁ עַל הַמְגַלֶּה חָכְמָה הַזֹּאת, הַכֹּל הָיוּ לְאוֹתָן הַדּוֹרוֹת, אֲבָל בַּדּוֹרוֹת הַלָּלוּ כָּתַב הָרַב רַבִּי חַיִּים וִיטַאל: מִצְוָה וְשִׂמְחָה לִפְנֵי הַקָּדוֹשׁ בָּרוּךְ הוּא שֶׁיִּתְגַּלֶּה הַחָכְמָה הַזֹּאת, כִּי בִּזְכוּתָהּ יָבוֹא מָשִׁיחַ, וְחָס וְשָׁלוֹם לוֹמַר שֶׁיֵּשׁ סַכָּנָה בַּדָּבָר. אֲבָל מִי שֶׁלִּבּוֹ תָּמִים עִם הַשֵּׁם הוּא סַמָּא דְחַיָּיא לְהַחֲיוֹת אֶת נַפְשׁוֹ, כִּי אֵין שׁוּם לִמּוּד שֶׁיָּבִיא יִרְאַת אֱלֹקִים בְּלִבּוֹ כְּמוֹ לִמּוּד הַזֹּהַר, בִּרְאוֹתוֹ גֹּדֶל הָעֳנָשִׁים וְעַד הֵיכָן מַגִּיעַ פְּגַם שֶׁל עֲבֵרָה, כְּמוֹ שֶׁהֶאֱרִיךְ בְּמַאֲמְרֵי הֶחָסִיד בַּעַל רֵאשִׁית חָכְמָה. וְהַמַּשְׂכִּיל יַשִּׂיג בְּלִמּוּדוֹ יִרְאַת הָרוֹמְמוּת בֹּשֶׁת, שֶׁיַּכִּיר גְּדֻלַּת יוֹצֵר בְּרֵאשִׁית מֵרָב הָעוֹלָמוֹת וְהֵיכָלוֹת וּמַלְאָכִים הַנִּזְכָּרִים בַּזֹּהַר הַקָּדוֹשׁ. וְזֶהוּ תַּכְלִית בְּרִיאַת הָאָדָם לְהַכִּיר אֶת בּוֹרְאוֹ, כְּהַלָּשׁוֹן הַזֹּהַר בְּגִין לְאִישְׁתְּמוֹדַע לֵיהּ. רַק לְשַׁמֵּשׁ בַּשֵּׁמוֹת הַקְּדוֹשִׁים הַנִּקְרָא קַבָּלַת מַעֲשִׂיּוֹת וְהַשְׁבָּעַת הַמַּלְאָכִים בְּעוֹלַם הָעֲשִׂיָּה זֶהוּ אִסּוּר גָּדוֹל. וְכָתַב הָאֲרִ"י זִכְרוֹנוֹ לִבְרָכָה בְּסֵפֶר "טַעֲמֵי הַמִּצְוֹות" פָּרָשַׁת שְׁמוֹת אַזְהָרוֹת וַעֲנָשִׁים רַבִּים לַמִּשְׁתַּמְּשִׁים בָּזֶה, וְיֵשׁ סַכָּנָה בַּדָּבָר מִפְּנֵי שֶׁיֵּשׁ תַּעֲרוֹבוֹת רַע בְּעוֹלַם הָעֲשִׂיָּה, וּמִי שֶׁאֵינוֹ יוֹדֵעַ לְהִזָּהֵר אוֹ שֶׁלֹּא נִזְדַּכֵּךְ נַפְשׁוֹ בְּתַכְלִית לִהְיוֹת מִפְּשַׁט הַגַּשְׁמִיּוּת, אֶפְשָׁר לְהַחֲטִיאוֹ אוֹ לְהַזִּיקוֹ, כְּמוֹ שֶׁקָּרָה לְכַמָּה אֲנָשִׁים שֶׁשָּׁמְעוּ בָּזֶה, אֲבָל בְּלִמּוּד לְחוּד לֹא יָדַע דָּבָר רַע...

צֵא וּלְמַד מֵחָכָם גָּדוֹל שֶׁכָּתַב לְתַלְמִידָיו בְּסֵפֶר שׁוֹשַׁן סוֹדוֹת וּמְיֻחָס אִגֶּרֶת לְהָרַמְבַּ״ם וְזֶה לְשׁוֹן הָאִגֶּרֶת: כִּי רֹב זְמַנִּי הָיִיתִי נָבוֹךְ בַּתְּקָנוֹת הַנִּמְצָאוֹת כו׳, אֲבָל כַּאֲשֶׁר הִשַּׂגְתִּי חָכְמַת הַקַּבָּלָה נוֹדַע לִי כָּל סְפֵקוֹת הָעֲצוּמוֹת שֶׁנִּסְתַּפַּקְתִּי בָּהֶם כָּל יָמַי וְנִפְתְּחוּ לְפָנַי דְּלָתוֹת הַנְּבוֹכוֹת וְנִמְסַר בְּיָדִי מַפְתְּחוֹת הַחָכְמָה וְהַבֵּאוֹר עַל כָּל נֶעֱלָם. עַד כָּאן לְשׁוֹנוֹ בְּקִצּוּר, עַיֵּן שָׁם.
(וְכוּחָא רַבָּה - הָרַב בִּנְיָמִין זְאֵב מִסְּלָאנִים וְהָרַב יוֹסֵף מִנְעָמִירוֹב)

יֵשׁ לִקְרֹא הַזֹּהַר בְּעֶרֶךְ שְׁנֵי דַּפִּים לְיוֹם, בִּפְרָט לִפְנֵי הַשָּׁנָה, כִּי יֵשׁ בְּכֹחָהּ גַּם לְזַכֵּךְ אֶת הַנְּשָׁמָה לִפְנֵי שֶׁעוֹלָה לָתֵת דִּין וְחֶשְׁבּוֹן, וּלְהַצִּיל מֵעֲווֹן הַמַּר, וְכָל מִי שֶׁיִּתְרַגֵּל בְּכָךְ יִהְיֶה קַל לוֹ יוֹתֵר לְהָבִין אֶת לְשׁוֹן הַתַּלְמוּד, עַד כָּאן. (מָרָן הַגָּאוֹן רַבִּי בֶּן צִיּוֹן אַבָּא שָׁאוּל)

רמב״ן בהקדמתו לפרושו על התורה

משה רבינו כתב התורה כלה מפיו של הקדוש ברוך הוא הודיעו תחלה ענין בריאת השמים והארץ וכל צבאם וגם כן כל הנאמר בנבואה ממעשה מרכבה ומעשה בראשית. והכל נכתב בתורה בפרוש או ברמז, וכל הנמסר למשה רבינו בשערי הבינה, הכל נכתב בתורה בפרוש או ברמיזה בתבות או בגימטריות או בצורת האותיות או בקוצי האותיות ובכתריהן. כי הרמזים האלו לא יתבוננו אלא מפה אל פה עד משה מסיני, ומנין יבוא יחזקאל ויגלה להם סתרי המרכבה. כלומר שהכל נלמד מהתורה. עוד יש בידינו קבלה של אמת, כל התורה שמותיו של הקדוש ברוך הוא ומפני זה ספר תורה שטעה בו באות אחת במלא או בחסר פסול. ואני הנני מביא בברית נאמנת לכל המסתכל בספר הזה, לבל יסבר סברה ואל יחשב מחשבות בדבר מכל הרמזים אשר אני כותב בסתרי התורה, כי אני מודיעו נאמנה, שלא ישגו דברי ולא יודעו כלל בשום שכל ובינה, זולתי מפי מקבל חכם, לאזן מקבל מבין. אל יהרסו אל השם לראות, כי השם אלקינו אש אוכלה הוא, אל קנאות, והוא יראה את רצוייו מתורתו נפלאות.

הרמח"ל - רבי משה חיים לוצאטו - כללי ספר מלחמות משה

הצורך בחכמת האמת

צורך החכמה הזאת רב הוא. תחילה אומר לך שאנו חייבים לדעת אותה, כי מצוה היא עלינו, שכן כתוב, "וידעת היום והשבות אל לבבך כי ה' הוא האלקים" וכו', הרי שחייבים אנחנו לידע בידיעה, ולא באמונה בלבד, אלא בדברים המתישבים על הלב, כמו שנאמר בפירוש "והשבות אל לבבך", ומה הוא זה ש"ם לנו לדעת - "כי ה' הוא האלקים בשמים ממעל" וכו'. אם כן, שני דברים צריכים אנו לדעת, שהאדון היחיד הוא המשגיח ומנהג הכל, בין בעליונים בין בתחתונים ; והשני - שאין אחר ח"ו, והיינו לדעת אמיתת יחודו ית"ש. שני הדברים האלה שצריכים אנו לדעת, אמור לי את מאין נדעם ? ואיזו חכמה תודיעם לנו ? והרי אנו צריכים לדעת שהקב"ה הוא המנהג הכל, ולדעת זאת בידיעה ברורה בדברים.המתישבים על הלב :

מחכמת פשט התורה לא נוכל להבין את זאת, כי על מה סובב פשט התורה ? רק על המצוות, על אופן עשייתם וכל משפטיהם, או על סיפור המעשים שהיו, אשר מוזכרים בה. והרי אלו הם שני החלקים בפשט התורה : מחלק הראשון לא נלמד זה ודאי, כי עשיית המצוות ומשפטיהם אינו מודיע מן הקב"ה ושלימותו כלל. אף אם המצוות היו מצוות מאדם שאנו חפצים או צריכים לעובדו, או להבין דבריו - היינו לומדים כך. אם כן, מכאן אין הידיעה הזאת יוצאת, שהרי אינם אלא מעשה, ולא ידיעות :

אם תאמר, שבהתבונן על הסיפורים ההם יצא לך זה - הרי אם כן צריך לעיון אחר על הסיפורים עצמם, שיפרש איך שאמעשים ההם נעשו על פי ההשגחה העליונה בחכמה עמוקה. הרי זה לימוד בפני עצמו, ואינו לימוד סיפורי התורה. ואפילו כשתרצה להוציא מן הסיפורים הנפלאים עצמם - שכיון שנעשו פלאים האלה צריך שודאי יהיה הקב"ה משגיח ופועל - זה אינו נקרא אלא שתקיים בדעתך שצריך שיהיה כך, אך אין זה רוצה לומר שאתה יודע בחכמה וידיעה שהוא כך, ושעמדת על כל ההנהגה של העולם

והבנת דרכיה, לראות ולהבין בדעתך השפלה את הנהגת האדון היחיד ב״ה בחכמתו הגדולה כמו שהיא באמת:

והרי המצוה היא ״וידעת היום והשבות אל לבבך״ - ידיעה וישוב הלב, רוצה לומר - לדעת בדרך חכמה ממש שהדבר הוא כך, שכל מה שיש בעולם בא לגלות את הנהגת הבורא יתי״ש, ושהכל יפה ומתוקן; ולא בדרך אמונה בלבד, אלא בדרך ידיעה, שתבין ותשכיל שכך הוא, וזה טוב ויפה ודאי. וזאת לא תוכל להוציא מן הסיפורים כלל. ועוד, מן הסיפורים תלמד שבאותם הפעמים הקב״ה פעל כך בעולמו. אך לא מפני זה תבין שבכל הנהגת הטבע הוא המנהג. אדרבא, יכול הכופר לומר ח״ו - הניסים הם מן הב״ה, אך הדברים הטבעיים אינם ממנו, אלא מניח הדברים ללכת במקרה הטבעי, ואין השגחתו פועלת בם:

ואם תאמר, להוציא ידיעת חכמה זאת מן חכמת הטבע, כמו שחשבו אחרים לקרוא אל הטבעיות, ״מעשה בראשית״ - אינו כן ודאי שהרי גם כופרי ההשגחה יתבוננו על הטבע. אדרבה, הם האומרים, עולם כמנהגו נוהג והולך:

ואם מכל אלה לא תוציא ידיעה זאת, עדיין מוטל עליך לקיים מצוה זו, וצריך שתמצא דרך לקיימה. ואין זה כי אם בחכמת האמת הזאת, כי היא המגלה ומודיעה ענין זה האמיתי של ההשגחה וכל התלוי בזה, והיא תודיע יחודו יתי״ש בכל הצדדין שאפשר לחשוב, כי כל ענינה הוא רק זה - להודיע היחוד העליון ב״ה כראוי, ולהודיע שכל מה שהיה ושהווה ושיהיה - הכל מושגח מאתו בהשגחה פרטית, ולפרש דרכי ההנהגה הזאת, ולפרש על פיהם את כל המעשים, פירוש - הבריות שבעולם וכל המעשים אשר נעשו בהם מן היום הראשון עד הסוף שבהם:

שנית - אפילו לא היינו מצווים על זה, היינו צריכים ללכת אחריה כדי להשקיט רעיוננו, ולהיות אורחנו ברור לעיניים, להיות ניצולים מן היצה״ר ומן המבוכה הרעה שלו. הנה מה שמשמש היצה״ר לנגד עינינו תמיד הוא להראות שהעולם הולך תוהו ובוהו ובמקרה, כאילו לית דין ולית דיין. וכבר אסף שלמה המלך ע״ה כל הדברים הסובבים את בני האדם בספר קהלת,

שהתחיל שם, "הבל הבלים", ושראה כל ענייני העוה"ז וכל הטעיות של בני האדם שהולכים חוץ מן הדרך הישרה הרבה, והכל לפי שאין יודעים האמת על בוריה. הנה לפי הנראה לעיניים – כל המרבה להשתדל בסחורה הוא המעשיר, ואשר לו הכסף הוא המכובד. וכבר נראים לאלפים ולרבבות עבדים רוכבים על סוסים ושרים הולכים כעבדים אחריהם, ותופשי התורה שפלים ונבזים, ואומות העולם עומדים בשלוותם, וישראל דחופים וסחופים באורך הגלות, אין איש שם על לב, והם בדיוטא התחתונה, ואין מתעורר לתשובה, והתורה נשתכחה מישראל:

אמת, שעל כל זה נאמר "וצדיק באמונתו יחיה". אך אם תמצא חכמה אחת שתבאר כל אלה הדברים בביאור מספיק, מברר הכל על נכון, ומראה שכל זה מיד ה' לטובה, ומראה איך הוא כך, בלימוד ברור ומתוקן – המעט יהיה תועלתה ? הלא נרדוף אחריה בכל מיני רדיפות:

ושלישית – העבודה אשר אנחנו עובדים להקב"ה. אמת, שכבר נראה שלא לבקש טעם על המצוות, אבל לעשותם כמאמרם בעיניים סתומות. אך תראה שאי אפשר לשכלי אנשים לעשות דקדוקיהן של מצוות, שנראים דברים שאינם חשובים כל כך. וכבר אמרו רז"ל "דברים שעומדים ברומו של עולם ובני האדם מזלזלים בהם". וכי כבר לא פקרו המינים די והותר על דבר חז"ל, אם נגע גוי ביין נעשה סתם יינם ; האוכל שלש סעודות בשבת ניצול וכו' ; והאומר תהילה לדוד בכל יום מובטח וכו' ; הלולב צריך לנענעו דווקא לו' קצוות העולם, ובאותו הדרך שלמדונו חז"ל, והרי התורה לא אמרה אלא "ולקחתם לכם ביום הראשון", וכאלה אין מספר. ודאי הוא שלכל הדברים נתנו חכמים טעמים, אך לבות בני האדם הרוצים להתחכם אינם עומדים על זה, וחכמת האמת היא המבררת כל אלה הדברים, ומראה העבודה מה היא, וכל דקדוקיה עד היכן מגיעים, ואיך כל הדבר הקטון כאן למטה בארץ הולך ומרחיב למעלה ומרעיש כל העולמות. אז ישים האדם אליו לבו, ובודאי זו כל תועלת החחכמה הזאת:

היסטוריה של הקבלה

תחילת ההיסטוריה של הקבלה מחזירה אותנו אחורה, לימים של אברהם אבינו אשר כתב את ספר היצירה. מאז התרחשו התפתחויות רבות בעקבות הנדודים של היהודים ביבשות השונות, עוד יובהרו מושגים אלו.

התקופה הראשונה - ההתחלה

א-תתי"ב (1750 לפני הספירה), ארץ ישראל.

המסורת מספרת כי הכתבים הראשונים של הקבלה נקראים "ספר היצירה" שנכתב על ידי אברהם אבינו. זה היה הספר הראשון שמזכיר מערכת של עשר אורות הנקראים ספירות.

התקופה השנייה - הזוהר

ד-א" (241 לספירה), ארץ ישראל.

רבי שמעון בר יוחאי נולד בגליל ונפטר במירון, במהלך המאה השנייה לספירה, והיה תלמידו של רבי עקיבא.

כדי להימלט מהרומאים, הסתתר עם בנו רבי אלעזר בתוך מערה במשך שלוש עשרה שנים, במהלך זמן זה חיבר את הזוהר שהוא ההסבר האזוטרי והמיסטי של התורה והבסיס לרוב כתבי הקבלה.

התקופה השלישית – ההדפסה של הזוהר

לאחר שנעלם במשך אלף שנים, ספר הזוהר נמצא והתפרסם על ידי רבי משה די לאון בספרד (ה - ה-ס"ה - 1305-1240) הפרסום החדש הזה הופץ בכל רחבי אירופה, צפון אפריקה ומזרח התיכון ואיפשרה לימודרחב יותר של כתבי הקבלה. חלק הסכימו וראו בו כמחבר הזוהר, אבל המקובלים הראשיים לא הסכימו עם זה.

בערים של הפרובנס בצרפת, גרונה בספרד, ווורמס בגרמניה נוסדו שלושת המרכזים הראשיים של הקבלה של אותה תקופה, תחת הנהגתם של מקובלים ידועים, כמו רבי יצחק סגי נהור, רבי עזרא ואחיו רבי עזריאל מגרונה, רבי אלעזר מווורמס ואחרים. עבודות חיוניות פורסמו ''כספר הבהיר'', ''ספר החסד'' ופירושים חשובים על ספר היצירה.

בצרפת, התפתח סוג של מיסטיקה עם מדיטציה בתפילות ובספירות. בספרד, בוצע מאמץ להעלות רעיונות מרכזיים של הקבלה לציבור רחב יותר.

בגרמניה, רבי אלעזר מווורמס הכריז שאלוקים אפילו קרוב יותר ליקום ולאדם מאשר הנשמה לגוף.

רבי משה בן נחמן – רמב''ן (תתקנ''ה – ה-ל'' - 1195-1270), נולד בגרונה. כמו הרמב''ם לפניו, היה רופא וגדול בתורה. והיה גם בעל ידע בזוהר ובקבלה וכתב פרשנות מיסטית על התורה. האר''י אישר את העומק והאמינות של החלק המיסטי של הפרשות לתורה של הרמב''ן.

הרמב''ן גם הכריז שזו מצווה לחיות בישראל, הוא עבר וחי שם עד סוף ימיו.

רבי אברהם אבולעפיה (ה- ה-נ''א - 1240-1291) נולד בסרגוסה והיה המבשר של הקבלה הנבואית, שבה יש שילובים וחילופי אותיות, מספרים וניקוד, אשר מסבירים ומגלים את המשמעויות האזוטריות הכי עמוקות. חלק מהעבודות הכי ידועות שלו הן ''ספר האות'' ו''אמרי שפר''.

רבי יוסף גיקטליה (ה-ח'' – ה-ע'' – 1248 - 1310), נולד בקסטיליה ולמד עם רבי אברהם אבולעפיה אשר שיבח אותו כתלמידו המוצלח ביותר. הוא כתב את ''גינת אגוז'', ''שערי אורה'', ''שערי צדק'' ו''שער הניקוד''. הוא ככל הנראה היה מיודד עם רבי משה די לאון.

צפת, ישראל

לאחר גירוש ספרד ב-ה-רנ''ב-1492, חלק מהמקובלים הספרדים החשובים הגיעו לצפת, ישראל. רבי משה קורדובירו (ה-רפ''ב – ה-ש''ל - 1522-1570) היה המייסד של האקדמיה של הקבלה בצפת ואחד מהתלמידים המוכרים

שלו היה רבי חיים ויטל. הוא חזה את ההגעה של הקבלה של האר"י והודה מראש על האמיתות שלה. חלק מיצירותיו המרכזיות הן "תומר דבורה", "פרדס רימונים" ו"אור יקר". תקופה זו נחשבת כעידן הזהב של הקבלה.

רבי יוסף קארו (ה-רמ"ח – ה-של"ה - 1488-1575), הידוע כמחבר "שולחן ערוך", נולד בספרד, הוא נמלט מהמדינה במהלך הגירוש כילד ביחד עם משפחתו ומספר רב של יהודים שגורשו בשנת ה-רנ"ב-1492. כשהשתקע בצפת, מונה להיות חבר בבית הדין הרבני של העיר. בית הדין הרבני של צפת הפך להיות בית דין רבני מרכזי בתוך ומחוץ לישראל. הייתה לו התגלות של "מגיד" (מורה שמימי) אשר גילה לו סודות עמוקים של הקבלה. במהלך הדור הזה, רבי יצחק לוריא אשכנזי, האריז"ל (ה-רצ"ד – ה-של"יב - 1534-1572) נולד בירושלים והפך למקובל המוביל בצפת. הוא הסביר והבהיר את כל המושגים העיקריים של הקבלה, וגם חידש בהסבר של ספירות ופרצופים. הוא המחבר של "עץ החיים", וכתבי האר"י אשר מכילים את עבודותיו בסגנון של שערים. ונחשב היום למקור המרכזי של הקבלה.

רבי חיים ויטל (ה-ש"יב – ה-ש"יפ - 1542-1620) ידוע בעיקר כתלמידו המובהק וסופרו של האריז"ל. וגם מקובל מומחה שלמד את הקבלה תחת רבי משה קורדוביירו (רמ"ק). בגיל 26 התחיל לרשום פרשנות לספר הזוהר על פי תורתו של הרמ"ק. הבן שלו, רבי שמואל ויטל ירש הרבה מכתבי היד של אביו על לימודי הקבלה של האריז"ל. הוא סידר אותם בשמונה קטעים הידועים כשמונת השערים. הוא כתב מספר יצירות קבלה בעצמו.

מזרח אירופה

תקופת החסידות החלה עם הבעל שם טוב (ה-תנ"ה – ה-תק"ך 1698-1760), המייסד של תנועת החסידות. הוא הכריז שהיקום כולו הוא ביטוי של אלוקים, ומי שטוען שהחיים האלה הם ללא משמעות פשוט טועה. מתוך הבנה חשובה זו, חייב לדעת כיצד להשתמש בזה בצורה ראויה. התורה של הבעל שם טוב התבססה במידה רחבה על התורה הקבליסטית של האריז"ל,

אבל הגישה שלו הפכה את היתרונות של התורה הזו לנגישים אפילו ליהודי הפשוט ביותר.

אחד מהמנהיגים החשובים האחרים אשר ייסדו תנועת חסידות משלהם, הוא רבי נחמן מברסלב (ה-תפי״ב – ה-תקע״יא - 1722-1811), הלא הוא הנין של הבעל שם טוב, אשר נתן חשיבות גדולה לדבקות ולשמחה טהורה. חלק מהעבודות המרכזיות שלו הן ״ליקוטי מוהר״ן״ ״תיקון הכללי״ והסיפורים והמשלים הידועים שלו.

רבי שניאור זלמן מלאדי (ה-תקי״ה – ה-תקע״יג - 1745-1813), בעל התניא, המייסד של חסידות חב״ד. למד תחת המגיד ממזריטש וכתבי היד של האר״יי, וחיבר את התניא.

מקובלים אירופאים

אירופה ה-ת״יס - 1700

באותו הזמן היו מומחים אחרים חשובים של הקבלה בחלקים אחרים של אירופה כמו :

רבי משה חיים לוצאטו – רמח״יל (ה-תס״יז – ה-תק״יו - 1707-1746) אשר התגורר באיטליה ובאמסטרדם. מגיל צעיר, הרמח״יל הראה כשרון יוצא דופן בלימודי הקבלה, מסופר כי כאשר היה בן 14, כבר ידע את הקבלה של האריז״יל בעל פה, ואף אחד לא ידע על כך, אפילו הוריו. הוא היה סופר פורה מאוד וכתב על כל ההיבטים של התורה והקבלה. עם זאת, בגלל האשמות שווא, הוא נרדף במשך רוב חייו הקצרים. חלק מעבודתו המרכזית היא ״קל״יח פתחי חוכמה״, ״כללות האילן״ ו״אדיר במרום״.

רבי אלי,הו מוילנה – הגאון מוווילנה (ה-ת״יפ – ה-תקנ״יז - 1720-1797) נולד בליטא, הוא היה אחד מהמנהיגים הבולטים של המתנגדים לתנועת החסידות. הוא נחשב לאחד הגדולים בתורה ובקבלה בשתי המאות האחרונות. חלק מעבודותיו על הקבלה הן ״כתבי הגר״יא בעיני הקבלה״.

המקובלים הספרדים

ה-ת"ס – 1700 צפון ומרכז אפריקה.

ביבשת אחרת, לימוד הקבלה ובעיקר הזוהר היו מופצים בצורה רחבה.
מלומדים חשובים היו:

רבי שלום שרעבי הרש"ש (ה-ת"פ – ה-תקל"ז - 1720-1777). לאחר העזיבה
מתימן, למרות שהיה ידוע בארצו כמקובל, התגלו ידיעותיו בארץ הקודש.
הוא הועסק כשמש בישיבת בית אל, המרכז הראשי של לימוד הקבלה
בישראל. בדרך זו הוא נשאר אנונימי והעבודה העיקרית שלו הייתה לשמור
על סדר הספרים ולהגיש שתייה ותה חם. פעם, ראש הישיבה למד עם
התלמידים שלו ועלתה שאלה מאוד חשובה שאף אחד לא הצליח לפתור.
כאשר כולם עזבו, הרש"ש הכניס את התשובה לספר של רבי גדליה. מצב
זה של מתן תשובה אנונימית חזר על עצמו מספר פעמים עד שהתגלה
שמדובר ברש"ש. הוא מונה אז לראש הישיבה לאחר פטירתו של רבי גדליה,
פרסם עבודות חשובות מאוד על הקבלה ובמיוחד בנושא הכוונות.
הפרסומים העיקריים שלו היו "סידור הרש"ש" שהוא ספר התפילות
המרכזי המשמש גם היום מקובלים ו"רחובות הנהר".

רבי יעקב אבוחצירא (ה-תק"ח – ה-תר"ם - 1808-1880), נולד במרוקו והיה
המקובל הנודע בגלל חסידותו ופרישותו והניסים שעשה. הוא חיבר
חיבורים על כל מקצועות התורה, הכוללים פרשנויות חשובות על ההסבר
הקבלי של התורה. חלק מעבודותיו המרכזיות הן "מחשוף הלבן" ו"פתוחי
חותם".

רבי חיים בן עטר - אור החיים (ה-תנ"ו – ה-תק"ג - 1696-1743) היה
ממרוקו. הבעל שם-טוב היה משוכנע שהאור החיים היה המשיח של דורו.
העבודה המרכזית שלו הייתה הפירוש על התורה – אור החיים.
במזרח התיכון היה חכם גדול: רבי יוסף חיים בן איש חי (ה-תקצ"ד – ה-
תרס"ט - 1834-1909) נולד בעירק והיה סופר אשר כתב במהירות מדהימה.
ידוע כי היה מסיים לכתוב דף שלם לפני שהדיו בראש העמוד היה מתייבש.

הוא חיבר דעת תבונה על כתבי האר״י, הוא גם פירש את ההלכות במישור
הקבלי, אך בשפה ברורה.

המקובלים האחרונים
ה-תרי״ס - 1900 – ארץ ישראל.
מאז תחילת המאה, ארץ ישראל נחשבת להיות המרכז של הקבלה.
אחד מהמקובלים החשובים ביותר היה רבי יהודה אשלג
(ה-תרמ״ז – ה-תשי״יה - 1886-1955). העבודה המרכזית שלו הייתה תרגום
של הזוהר מארמית לעברית, ופירושו העמוק הנקרא ״הסולם״.
מקובלים חשובים נוספים היו : רבי אברהם יצחק הכהן קוק
(ה-תרכ״ה – ה-תרצ״ה - 1935- 1865), הי׳לשמ׳, רבי שלמה אלישיב (-1841
1926), רבי ישראל אבוחצירה – הבאבא סאלי (ה-תר״ן – ה-תשמ״יד -1890
1984), רבי יהודה צבי ברדוויין (ה-תרס״יד – ה-תשכ״יט - 1904-1969), רבי
יהודה פתיה (ה-תרי״יט – ה-תשי״ב - 1859-1942), רבי יצחק כדורי (ה-תרנ״ח
– ה-תשס״ו - 1898-2006) ועוד.

כל אחד מלומדי הקבלה הגדולים הללו היו בעלי הסברים וחידושים
משלהם למדע הנפלא הזה. הם השאירו שפע של כתבים על הקבלה, ומקווה
אני שיום אחד יבוא ואוסף זה יהיה זמין לכל מחפשי האמת של הקבלה
האותנטית

מילון הקבלה

א"ק
ראשי תיבות – אדם קדמון

אבא
פרצוף אבא - אחד מחמשת ההגדרות העיקריות. זו ספירת החכמה.

אבא ואימא
פרצופים אבא ואימא - אלו שני פרצופים שחיוניים להדרכה של העולמות, אבא הוא ספירת חכמה ואימא היא ספירת בינה.

אדם קדמון
עולם מעל האצילות, זו ההגדרה הראשונה או העולם הראשון שבו בקעו האורות ונוצרו כעשרה ספירות של יושר.

אדונ-י
אחד מהשמות של ה' מיוצג על ידי ספירת מלכות. זה גם הייצוג הנשי של הנוכחות שלו.

אהי-ה
אחד מהשמות של אלוהים מיוצג על ידי ספירת הכתר.

אור
המושג משמש לתאר האצלה, עוצמה או אנרגיה.

אוה"מ
אור מקיף

אוה"פ

אור פנימי

אין סוף

ללא סוף או גבולות - אינסופי

אחד השמות של אלוהיים. זה השם המשתמשים בו הכי הרבה בקבלה.

אלוהי-ם

אחד משמותיו של אלוהים מיוצג על ידי ספירת הגבורה. באופן כללי, זה מציין גבורה בפעולותיו של האל.

אימא

פרצוף אימא - אחת מחמשת ההגדרות העיקריות. זו היא ספירת הבינה.

אצילות

עולם האצילות - זה הגבוה ביותר מבין ארבעת העולמות, מעל עולם הבריאה, יצירה ועשייה. מהאצילות נפרסים כל העולמות התחתונים שהם מקור הקיום של העולמות הפיזיים.

אצילות בריאה יצירה ועשייה

מהההגדרה הראשונה, האדם הקדמון, האצלות יצרו את ארבעת העולמות התחתונים. העולם הראשון הוא אצילות – עולם של האצלה. מתחת לחלוקה של האצלה נמצא עולם הבריאה – עולם הנשמות. מתחת לחלוקת הבריאה נמצא עולם היצירה – עולם המלאכים. מתחת לחלוקת עולם היצירה נמצא עולם העשייה – העולם הפיזי.

אריך אנפין

פרצוף – ארשת פנים ארוכה

זה הפרצוף העיקרי בכל עולם. כל שאר הפרצופים הם הענפים שלו.

ב"ן

מילוי השם י-ה-ו-ה עם סך של 52

זה תואם את ההיבט הנשי – גבורה.

ברוך הוא

משמש לאחר היגוי או כתיבה של שמות האל.

בריאה

עולם של נשמות - העולם השני שהתגלה הבריאה נקראה זה עולם הנשמות. הוא תחת האצילות ומעל היצירה והעשייה.

רבי שמעון בר יוחאי

כדי להימלט מהרומאים, הוא נמלט עם בנו רבי אלעזר לתוך מערה במשך שלוש עשרה שנים, וחיבר את הזוהר.

ברכה

כאשר אומרים את הברכה עם מדיטציה קבליסטית עם המילים או השמות המתאימים , אנחנו נוהגים להשתתף ישירות בתיקון של הדבר שבורך .

ג"ר

שלושת הספירות הראשונות הן הכתר, חכמה ובינה.

גבורה

התוצאה של האור שלו מסוננת באמצעות ספירת הגבורה הנובעת מחסד. חסד מתבטאת בעיקר על ידי כל ההיבטים הנשיים, ספירת הגבורה ולפי כל ההסתרה של ההיבטים הגבריים אשר מייצגים שפע.

גבורה

ספירה גבורה

היא הספירה החמישית.

גמטריה

ערכים מספריים האותיות

לכל אות יש את הערך המספרי שלה. העובדה היא שמספר מילים בעלות אותו ערך מספרי היא לא רק צירוף מקרים, אלא מציינת את הדמיון או ההשלמה.

גלגול נשמות

התיקון של הנשמה מתממש באמצעות גלגול ועיבור. הגלגול הוא גלגול נשמות של הנשמה מזמן הלידה ועד המוות.

גן עדן

מקום המנוחה של הנשמות אחרי ההפרדות מהגוף הפיזי. יש גן עדן תחתון וגן עדן עליון.

גן עדן עליון

בגן העדן עליון, הנשמות נהנות מרוחניות טהורה ואין להן תדמית רוחנית המדמה את הגוף הקודם שלהן.

גן עדן תחתון

בגן העדן תחתון, הנשמות נהנות מהנאות רוחניות אבל עדיין בעלות דימוי של הגוף הקודם שלהן.

דומם, צומח חי, מדבר

מקביל לארבעת העולמות של אצילות, בריאה, יצירה ועשייה, קיימים ארבעה סוגים בעולם שלנו.

דעת

דעת היא הספירה הרביעית.

ה׳

השם – האין סוף

הוד

הספירה השמינית.

היכל

שער – שלב - אלו השלבים השונים של התרוממות התפילות לפני שמגיעים לעולם האצילות במהלך העמידה.

הנהגה

ההדרכה של העולמות מתרחשת באמצעות ההשפעה של הספירות השונות והפרצופים.

השגה

הבנת ההגשמה
כדי להגיע לרמת גבוהה יותר של הבנה, צריך לעשות מאמץ וללמוד את הסוד של התורה שהוא הקבלה.

השתלשלות

אבולוציה – שרשרת של אירועים
בקבלה, השתלשלות של אירועים המתחילים מהמעשה הראשונים של אלוהים ביצירה הזו , שהוא הצמצום עד להסדרים המורכבים של ההדרכה של העולמות.

ז'א

ראשי תיבות של הגדרה זעיר אנפין, משמשים יותר מאשר השם המלא.

ז' תחתונות

שבע ספירות תחתונות

זו"ן

זעיר אנפין ונוקבא

ראשי תיבות של זעיר אנפין ונוקבא, משתמשים בהן מאשר שמות מלאים.

זוהר - זהר

ספר הזוהר נכתב על ידי רבי שמעון בר יוחאי.

הזוהר הוא פרשות אזוטרית ומיסטית של התורה והבסיס והרוב הכתבים של הקבלה.

זיו

אור עליון יקרין על אור תחתון יותר כדי להשפיע עליו או כדי ליצור האצלה חדשה.

זיווג

הזיווג היא אחדות של ספירות בבחינת זכר ונקבה. כל התוצאות של האצלות גבוהות יותר הן תוצאות של חיבורים בין אורות של ספירות בבחינת זכר ונקבה.

ז"ת

שבעת ספירות התחתונות :

חסד, גבורה, תפארת, נצח, הוד, יסוד ומלכות.

זכר

יש פרצופים זכרים אשר מעניקים חסד ופרצופים נשיים אשר מעניקים גבורה.

על ידי חיבור שלהם, שיווי משקל שונה של שני הכוחות הלו (חסד וגבורה) יוצרים ההנהגה.

זעיר אנפין

פרצוף זעיר אנפין – פנים קטנות

הגדרה של זעיר אנפין (ז״א) מורכבת משישה ספירות תחתונות: חסד, גבורה, תפארת, נצח, הוד, יסוד.

חב״ד

חכמה, בינה ודעת

ראשי תיבות של השלישיה הראשונה של הספירות: חכמה בינה ודעת

חג״ת

חסד, גבורה ותפארת

השלישיה השנייה של הספירות: חסר גבורה ותפארת.

חיבור

לכל הספירות והפרצופים יש מידה מסוימת של קשר ביניהם.

חיה

המדרגה הרביעית של הנשמה

ניתן להגיע לשלב הרביעי רק לאחר שעוברים את כל השלבים הקודמים

חיצוניות

הכוח החיצוני או השלילי – סיטרה אחרה נקרא גם חיצוניות.

חכמה

ספירה – חכמה - השנייה מהספירות.

חוכמת האמת

ידע של האמת - אחד מהשמות של הקבלה.

חלל

מקום שנישאר אחרי הצמצום. הכול נכלל בפוטנציאל של ההדפס הזה. שום דבר לא יכול לבוא על מקומו ללא מקור זה בתוכו.

חסד

נדיבות באה לידי ביטוי באמצעות עמדות שונות ואינטראקציות של הפרצופים.

חסד

ספירה
הרביעית מהספירות.

חג״ת

השלישיה השנייה של הספירות.

ידע

הידע החיוני הוא האחד של רצון הבורא והדרכים שלו להדרכה בקיום הזה כפי שמוסבר בקבלה.

יהו-ה

השם העיקרי של אלוהים חושף נדיבות ורחמים ומיוצג על ידי הספירות תפארת. הכוחות היצירתיים או האנרגיות הם הכוחות השונים באותיות בשמו של האל והאותיות השונות נוספות כדי להפוך את האיות שלהן.

יום

כל יום חדש הוא האצלה חדשה שמושלת בו.

ייחוד

האחדה– חיבור

החיבור של הספירות או הפרצופים עבור זיווג ולמען המוצא של השפע.

ייחודו

האחדות שלו

אור האלוהים הוא ייחודי של כוח שווה, איכות ומעבר לכל תיאור.

יחידה

השלב החמישי של הנשמה

יחידה הוא השלב החמישי וניתן להגיע אליו לאחר שעוברים את כל השלבים הקודמים.

י״ס

10 ספירות

יסוד

ספירה (יסוד) - הספירה התשיעית.

יצירה

עולם של המלאכים

העולם השלישי להתגלות נקרא היצירה, עולם של היווצרות, עולם של מלאכים. הוא מתחת לאצילות והבריאה ומעל העשייה.

יצר

אינסטינקט – דחף

היצר הטוב מקביל לדחף טוב או חיוב על האדם, יצר הרע הוא דחף רע או שלילי.

ירושלים

המקום הקרוב ביותר לאצילות של האל.

יסו״ת

ראשי תיבות פרצופים ישראל סבא ותבונה

ית״ש

יתברך שמו

כ״ש

כמו שכתוב

כוונה

ריכוז – השלב הראשון בתפילות לפי הקבלה הוא להבין את המילים ולהתרכז. השלב השני הוא לדעת ולהתרכז על התמורה והשמות השונים של האל,
השלישי להבין המטרה המיוחדת בייחודים וזיווגים בתפילה הזאת.

כיסא

יש שלושה סוגים עיקריים של כסאות :
כיסא הדין - כיסא הכבוד - כיסא הרחמים

כלי

כל ספירה מורכבת מכלי ואור.

כתר

ספירה
הספירה הראשונה והכי חשובה.

לאה

פרצוף נוקבא
ההגדרה של נוקבא כוללת שני פרצופים נבדלים: רחל ולאה. ההגדרה של
לאה היא ההיבט של הגבורה.

לבוש

פרצופים מתלבשים על/או אחד על השני. ככל שהפרצוף חשוב יותר כך הוא
יתלבש ישירות על פרצוף פחות חשוב ממנו.

להחמיר

שמירה קפדנית על כל הפרטים כאשר משלימים מצווה או תפילה.

לקבל

המילה קבלה מגיעה מהפועל לקבל, עם זאת, על מנת לקבל יש את הצורך
הראשוני של לרצות ולהפוך ולהכיל לכלי המסוגל לקבל ולהכיל את הידע הזה.

מ''ה

מילוי של השם הויה עם סך של 45
זה ההיבט הזכר המייצג חיבור של רחמים.

מוחין

המוח הוא הכוח המורה שניתן לפרצוף.

מים דוכרין

אחת משתי ההאצלות שנקראות מים זכרים.

מים נוקבין

אחת משתי ההאצלות שנקראות מים נשיים.

מילוי

תלוי לאופן שמשתמשים באותיות, הערך המספרי של השם משתנה וכל אחת מהאפשרויות הללו הופכות להיות שונות לפי הטבע והפעולות שלהן.

מלאכים

עולם המלאכים הוא העולם השלישי – עולם היצירה.

מלכים קדמונים

ביצירה היה הנזק החשוב הראשון. שבעה ספירות נשברו מפני שהן לא יכלו להכיל את האורות שלהן וזה מכוון גם כמלכים של אדום בפרשת וישלח 36,31.

מלכות

ספירה

הספירה העשירית.

מעשה בראשית

עבודות או פעולות של היצירה.

השם הניתן לכל הפרטים בתחילת היצירה, מהצמצום, העולמות הראשונים, הספירות וכדומה.

מעשה המרכבה

עבודות או פעולות של המרכבה השמימית.

השם הניתן לכל הפרטים של הספירות, הפרצופים, תיקונים וזיווגים המשפיעים בהנהגה.

מצוה

לתורה יש 248 מצוות עשה ו 365 מצוות לא תעשה. באופן דומה יש 613 גידים ואיברים בגוף האדם, 613 חלקים לנשמה ו 613 אורות לכל ספירה או הגדרה. כל אחת מ 613 המצוות מקבילה לאחד מ 613 הגידים והאיברים של גוף האדם ואחת מ 613 החלקים של הנשמה.

מקובל

מקובל הוא אדם שהתקבל כדי לקבל את הידע הזה ומסוגל לשמור עלי על ידי חיים בנתיב התורה והצדק כדי לחזק את עצמו באופן קבוע.

מרכבה

מרכבה שמימית - הפרצופים, ספירות, עם כל היחסים ביניהם, הפעולות והאורות.

משל

לפעמים משמש להסביר או להמחיש היבטים קשים.

נה"י

ראשי תיבות של השלישיה השלישית של הספירות: נצח, הוד ויסוד.

נוקבא

ספירה מלכות –פרצופים רחל ולאה
ההגדרה של נוקבא מייצגת את הנשיות – העיקרון לקבל. היא כוללת שני הגדרות נבדלות, רחל ולאה.

ניצוצות

כדי לשאת את הכלים לאחר שהם נשברו, 288 ניצוצות של האורות שלהם ירדו מפני שקשר לאורות המקוריים שלהם היה נחוץ כדי לשמור אותם בחיים.

נפש

נפש הוא השלב הראשון והכי נמוך של הנשמה.

נפש, רוח, נשמה, חיה, יחידה

לנשמה יש חמישה שמות כנגד חמישה מדרגות שלה.

נצח

הספירה השביעית.

נרן

נפש, רוח, נשמה

רשי תיבות של שלושת השלבים הראשונים של הנשמה.

נשמה

השלב השלישי של הנשמה.

נשמה הוא השלב השלישי וניתן להגיע אליו לאחר שעוברים את שלבים של הנפש והרוח.

ס״ג

מילוי של הויה עם סך של 63. השם ס״ג הוא השלב השני מארבעת השמות.

ס״ס

ראשי תיבות של המלאך ההרסני העיקרי.

סגולה

הגנה - שמות או שילובים של שמות של מלאכים עם סימנים מיוחדים, או לחשים אשר נכתבו על קלף כדי להגן או כדי לעורר כוחות מסוימים.

סודות

באמצעות הידע של הקבלה אנחנו יכולים להגיע לרמה של הבנת האמת, ובדרך לפענח את הסודות העמוקים של התורה.

סיתרא אחרא

כוח שלילי

השורש של סיטרא אחרא זה החוסר או היעדר של הקדושה.

ספירה

אור האלוהים הוא ייחודי וכוח שווה ואיכותי. בדרך מסוימת, הספירה היא מסנן שהופך את האור הזה לכוח מסוים או תכונה שבאמצעותו הבורא מדריך את העולמות.

ספירות הישר

ספירות מאורגנות בשלושה קווים: שמאל ימין ואמצע המייצגים את ההדרכה של העולם באופן של חסד, דין ורחמים.

ספירות העיגולים

אלו עשרת הספירות עקיפות אשר אחראיות על ההדרכה הכללית של העולמות ולא מושפעות על ידי פעולות האדם.

ע״ב

מילוי של הויה עם סך של 72.

השם ע״ב הוא המדרגה הכי גבוהה של השמות.

ע״ב, ס״ג, מה, בן

מילוי של השם הויה

(72) (63) (45) (52)

הכוחות היצירתיים או האנרגיות הם הכוחות השונים בארבעת האותיות בשם יהו-ה ואותיות שונות נוספות כדי להפוך את המילוי לשונה.

עבודה

תפקיד - אחת מהמטרות העיקריות של העבודה, מצוות והתפילות של בני האדם בקיום זה היא לעזור ולהשתתף בהתרוממות של 288 הניצוצות שנפלו.

עולם

עולם הוא אפשרות וסוג של קיום בממד מסוים.

עשייה

עולם הפעולה של בני האדם.
העולם הרביעי להתגלות נקרא העשייה, העולם של הנוכחות הפיזית.

עתיק יומין

פרצוף.– עתיק
ההגדרה של עתיק היא נעלה על כל הפרצופים.

פנימיות

מה שנמצא בפנים. זה גם תקף על משמעות עמוקה יותר או רוחניות.

פרצוף

הגדרה של ספירה אחת או ספירות שונות פועלות בתיאום.

צדיק

מצב של קירבה לקדושה ומרחק מסיטרה אחרה (כוח שלילי). בנוסף מיוחס לספירת היסוד.

צמצום

הצמצום הוא הפעולה הראשונה של האין סוף ביצירה. הוא צמצם אור שלו מחלל מסוים והיקפו עד לכדי הפחתה של העוצמה שלו ומאפשר את הקיום של יצורים.

קבלה מעשית

הסוג האחר של הקבלה שבה השמות והשילובים של השמות של המלאכים משמשים עם סימנים מיוחדים, או לחשים כדי לעורר כוחות מסוימים ולשנות סדרות של מצבים רגילים.

קדוש

מצב של התקרבות לקדושה והתרחקות מסיטרה אחרה (כוח שלילי).

קדוש וברוך הוא

אחד השמות של ה'.

קדושה

על ידי השלמת המצוות ובאמצעות התפילות, אנשים עושים את התיקונים הדרושים לניתוק הקליפות מהקדושה. המטרה האולטימטיבית היא ליצור מרחק מקסימלי מהכוח השלילי ולהתקרב לקדושה.

קו

קרן אור אשר הגיחה מהאין סוף ונכנס לצד אחד של החלל הריק לאחר הצמצום.

קליפות

הקליפות הן תופעה של כוח שלילי.

קמעה

שמות או שילובים של שמות של מלאכים עם סימנים מיוחדים נכתבים על קלף כדי להגן או לעורר כוחות מסוימים.

רוח

רוח הוא השלב השני של הנשמה והוא הכרחי לפני השלבים הבאים.

רחל

הגדרה של הנוקבא.
ההגדרה של רחל היא הביט של חסד.

רפח ניצוצות

288 ניצוצות שנפלו בשבירת הכלים׳

רצון להשפיע

הרצון של היוצר להעניק טוב לב ליצורים שלו.

רצון לקבל

הטבע של האדם הוא להפוך את עצמו לכלי עם רצון לקבל ללא גבולות.

שבירת הכלים

נזק שנגרם על ידי שבע הספירות התחתונות שלא יוכלו להחזיק את הזרם של האורות שלהם ובהמשך שברו.

שורש

לקיום הכול יש שורש למעלה.

שכינה

נוכחות אלוהית - אחד מהשמות של אלוהים.

שכר

ההנחיה של ההדרכה על בסיס של משפט, שכר ועונש, והתלות שלו בפעולות האדם. ההדרכה הזאת היא לפי ספירות ישרות.

שער

הכניסה לממד. שער כדי להכניס ידע.

תחיית המתים

המטרה הסופית של ששת אלפים שנה.

תיקון

למילה תיקון יש משמעויות שונות. ניתן להבין אותה כתיקון או יישור אבל גם כפעולה, קשר או פעולה.

תפארת

הספירה השישית.

תפלה- תפילות

סדר התפילות מבוסס על מערכות של התרוממות העולמות כפי שהוסבר בקבלה. המטרה של ההתרוממות הזאת של העולמות היא לעורר חיבור בין ההגדרות של הגבריות והנשיות בכל עולם כך שהם יעניקו אנרגיות חיוביות כתוצאה מההרמוניה הזאת. ברמה זו של הבנה, אנחנו מבינים שלתפילות שלנו יש השפעה ישירה על עולמות נעלים יותר ועל ההדרכה שלהם.

יש 613 גידים ואיברים בגוף האדם ובאותו האופן קיימות 613 מצוות, 613 חלקים של נשמה ו 613 אורות בכל ספירה או הגדרה. המספר הזה לא שרירותי שכן קיימים יחסי גומלין חשובים ואינטראקציות ביניהם.

לוח ראשי תיבות וקיצורים

א"א	אריך אנפין,
אב"א	אחור באחור
אבי"ע	אצילות, בריאה, יצירה, עשייה - ד' עולמות העליונים
אדה"ר	אדם הראשון
או"א	אבא ואמא ; אחד ואחד
או"ח	אור חוזר
או"י	אור ישר
או"מ	אור מקיף
או"נ	אריך ונוקבא
או"פ	אור פנימי
אחב"פ	אחור בפנים
אח"פ	אוזן חוטם פה
א"י	ארץ ישראל
א"כ	אם כן ; אינו כדאי ; אין כאן
אכי"ר	אמן, כן יהיה רצון
אכמ"ל	אין כאן מקומו להאריך
א"ל	אמר ליה
אל"ה	ג' אותיות משם אלהים
אמ"ר	אור מים רקיע
אנ"כ	אורות נצוצין כלים
א"ס	אין סוף
א"ע	את עצמו
אע"ג	אף על גב
אע"פ	אף על פי
אעפ"כ	אף על פי כן

לוח ראשי תיבות

א״צ	אינו צריך
אצ״ל	אין צריך לומר
א״ק	אדם קדמון
ארגמ״ן	אוריאל, רפאל, גבריאל, מיכאל, נוריאל
ארמ״ע	אש, רוח, מים, עפר ארבע יסודות העולם
א״ת	אם תאמר ; אל תאמר ; אל תקרא
אתב״ש	אחד מצרופי אותיות הא״ב הראשונה עם האחרונה, השנייה עם זו שלפני האחרונה וכן הלאה
את״ל	אם תמצא לומר
אתעד״ל	אתערותא דלעילא
אתעדל״ת	אתערותא דלתתא
באד״ר	באדרא רבא
באדר״ז	באדרא זוטא
בא״י	ברוך אתה ה׳
בב״א	בבת אחת
בג״ה	בינה, גבורה, הוד
בג״כ	בגין כך
ב״ד	בית דין
בד״א	במה דברים אמורים ; בדרך אחרת
בד״כ	בדרך כלל
בדר״ו	בדחילו ורחימו
ב״ה	בית הלל ; בית המקדש ; ברוך הוא
בהכ״נ	בית הכנסת
ביהמ״ק	בית המקדש
בוצד״ק	בוצינא דקרדנותא
בחי׳	בחינה ; בחינות
בחי״א	בחינה א׳
בי״ע	בריאה, יצירה, עשייה

לוח ראשי תיבות

בכ"מ	בכל מקום ; בכמה מקומות
במ"א	במקום אחר
במ"ר	במדרש רבה
ב"נ	בר נש
ב"ן	מספר שם הויה במילוי ההין (52)
בס'	בספר
בס"ד	בספרא דצניעותא ; בסייעתא דשמיא
בסו"ה	בסוד הכתוב
בע"א	בענף א'
בע"ה	בעזרת השם
בעוה"ב	בעולם הבא
בעוה"ז	בעולם הזה
בעוה"ר	בעונותינו הרבים
בעה"ח	בעץ החיים
בע"ח	בעץ חיים
בע"כ	בעל כרחו
בע"מ	בעל מנת
בע"ס	בעל הסולם
בע"ש	בערב שבת
בעש"ק	בערב שבת קודש
ב"פ	בי' פעמים
בפ"ע	בפני עצמו
בר"ת	בראשי תיבות
ב"ש	בי' שלישים
בשכמ"ל	ברוך שם כבוד מלכותו לעולם ועד
בש"ת	בי' שלישי תפארת ; בי' שלישין תתאין
בת"ת	בתפארת
ג"פ	גי' פעמים
ג"ר	גי' ראשונות

לוח ראשי תיבות

ג"ת	ג' תחתוניות
דו"נ	דכר ונוקבא
דפו"י	דפוס ישן
דצח"מ	דומם, צומח, חי, מדבר
דת"י	דעת, תפארת, יסוד
האר"י	האלקי רבינו יצחק - הרב יצחק לוריא
ה'	השם, הקב"ה
ה"ג	ה' גבורות
ה"ח	ה' חסדים
היי"ם	הוד, יסוד, מלכות
הנ"ל	הנזכר לעיל
ה"ס	הוא סוד
ה'ק	הקדוש
הקב"ה	הקדוש ברוך הוא
הקוב"ה	הקודשא בריך הוא
הקסה"ז	הקדמת ספר הזהר
ה"ר	ה' ראשונות
הרח"ו	הרב חיים ויטאל
הרמ"ק	רבי משה קורדובירו
המי"י	המשכיל יבין
וזה"ד	וזה הדין
וז"ל	וזה לשונו
וז"ס	וזה סוד
וכו'	וכולה
ולי"נ	ולי נראה
ונלע"ד	ונראה לפי עניות דעתי
וע"ד	ועל דא
ועד"ז	ועל דרך זה
ועכ"ז	ועם כל זה; ועל כל זה

לוח ראשי תיבות

ו"ק	ו' קצוות
וש"נ	ושם נסמן
ו"ת	ו' תחתונות
ותי'	ותיקונים
זו"ן	זעיר ונוקבא
ז"ח	זהר חדש
ז"מ	ז' מלכים
ז"ס	זה סוד
ז"ע	זה ענין
ז"ת	ז' תחתונות
חב"ד	חכמה, בינה, דעת
חבת"ם	חכמה, בינה, תפארת, מלכות
ח"ג	חלק ג
חג"ת	חסד, גבור, תפארת
חד"ר	חסד דין רחמים
חו"ג	חסדים וגבורות
חז"ל	חכמינו זכרם לברכה
חח"ן	חכמה חסד נצח
חכ"א	חכמים אומרים
חל"ה	חלק לעולם הבא
טו"ר	טוב ורע
טנת"א	טעמים, נקודות, תגין, אותיות
ט"ס	ט' ספירות
ט"ר	ט' ראשונות
ט"ת	ט' תחתונות
י"א	יש אומרים; יש אוסרים; ירא אלהים; ירחמהו אל
י"ס	עשרה ספירות
י"ס	ישראל סבה

לוח ראשי תיבות

יסו"ת	ישראל סבה ותבונה
כו"פ	כלל ופרט
כח"ב	כתר, חכמה, בינה
כחב"ד	כתר, חכמה, בינה, דעת
כח"ב תו"מ	כתר, חכמה, בינה, תפארת ומלכות
כל"י	כהן, לוי, ישראל
כמו"ש	כמו שכתוב
כמש"ה	כמו שאמר הכתוב
כנה"ג	כנסת הגדולה
כנז'	כנזכר
כנ"י	כנסת ישראל
כנ"ל	כנזכר לעיל ; כן נראה לי
כסה"כ	כסא הכבוד
כ"פ	כלי פנימי ; כל פנים ; כך פרשו
כצ"ל	כן צריך לאמור - להיות - לבאר
כתה"ק	כתבי הקודש
לבנ"ה	ל"ב נתיבות החכמה
לכ"ע	לכולי עלמא
לפ"ג	לפרט גדול
לפמש"ה	לפנים משורת הדין
לפ"ע	לפי ענינו
לפע"ד	לפי עניות דעתי
לפ"ק	לפרט קטן
לפ"ש	לפי שעה
לשה"ר	לשון הרע
לש"ש	לשם שמים
מ"א	מקום אחר ; מקום אחד ; מדרש אגדה ; מלכים א ; מים אחרונים ; מנהג אבותינו
מאה"ג	מאור הגדול ; מאור הגולה

לוח ראשי תיבות

מארז״ל	מאמר רבותינו זכרם לברכה
מ״ב	שם מ״ב
מב״ד	מיתת בית דין
מי״ד	מיין דוכרין
מדה״ד	מדת הדין
מדה״נ	מדרש הנעלם
מדה״ר	מדת הרחמים
מד״ש	מפני דרכי שלום
מי״ה	מספר הויה במילוי אלפין (45)
מה״ד	מדת הדין
מה״ה	מה ההבדל
מה״נ	מדרש הנעלם
מה״פ	מה הפרוש
מה״ש	מלאכי השרת
מו״ל	מוציא לאור
מול״מ	מטי ולא מטי
מו״ס	מוחא סתימאה
מטטרו״ן	שם מלאך
מלה״ד	משל למה הדבר דומה
מלה״ש	מלאכי השרת
מל״ת	מצוות לא תעשה
ממ״ה	מלך מלכי המלכים
מ״ן	מיין נוקבין
מסה״ז	מסורת הזהר
מ״ע	מצוות עשה
מע״ט	מעשים טובים
מצפ״ץ	חמש גבורות
מרע״ה	משה רבינו עליו השלום
מש״ה	מה שאמר הכתוב

מש״כ	מה שכתוב כאן
נ״א	נוסחא אחרינא
נא״כ	נאמר כאן
נה״י	נצח, הוד יסוד
נהי״מ	נצח, הוד, יסוד, מלכות
נו״ה	נצח והוד
נוק׳	נוקבא
נ״צ	נחמת ציון
נק׳	נקרא
נ״ר	נפש רוח
נר״ן	נפש, רוח, נשמה
נרנח״י	נפש, רוח, נשמה, חיה, יחידה
נש״ב	נ׳ שערי בינה
נת״א	נקודות, תגין, אותיות
ס״א	סטרא אחרא ; סתרי אותיות
ס״ג	הוי״ה במילוי יודין אלף ואו (63)
ס״י	ספר יצירה
ס״ה	ספר הזוהר
ס״מ	סטרא מסאבותא
ס״ע	סדר עבודה
ס״פ	סוף פסוק
ספ״י	סבר פנים יפות
ספי׳	ספירה
ס״ת	סתרי תורה
ע״א	ענין אחר
עאכו״כ	על אחת כמה וכמה
ע״ב	הויה במילוי יודין ; שם ע״ב (72)
עבגע״מ	עור, בשר, גידין, עצמות, מוחא

לוח ראשי תיבות

עו"ד	על דבר ; על דרך ; על דעת
עד"ה	על דרך הכתוב ; על דרך האמת
עד"ז	על דרך זה
עצל"ד	עוד צריך לדעת
עד"מ	על דרך משל
עד"ר	על דרך רמז
ע"ה	עליו השלום ; עם הארץ ; עין הרע ; עבד ה׳
עה"ב	עולם הבא
עה"ז	עולם הזה
עה"ח	עץ החיים
עה"ס	עשר הספירות
עה"ר	עין הרע
עה"ש	עליו השלום
עו"א	עובדי אלילים
עוה"ב	עולם הבא
עוה"ז	עולם הזה
עוה"א	עולם האצילות
עוה"נ	עולם הנקודים
עומ"ש	עול מלכות שמים
ע"נ	עתיק ונוקבא
ע"ז	עבודה זרה
ע"ח	עץ חיים
עי'	עילאין
עי"א	על ידי אחרים
עיה"ק	עיר הקדש
עי"ז	על ידי זה
עי"מ	עבור, יניקה, מוחין
עיקת"ו	עיר קדשנו תיבנה ותכונן
עכאו"א	על כל אחד ואחד ; עם כל איש ואיש

עכ״ד	עד כאן דבריו ; עד כאן לשונו
עכ״ז	עם כל זה
עכו״ם	עבודת כוכבים
עכ״ל	עד כאן לשונו
עכ״פ	על כל פנים
ע״ל	עין לעיל
על״ה	על מנת להשפיע
על״ק	על מנת לקבל
ע״מ	על מנת ; עשר מאמרות
עמוד״א	עמודא דאמציעתא
עמ״ש	עין מה שכתבתי ; עול מלכות שמים
ענ״ב	עקודים, נקודים ברודים
ע״ס	עשר ספירות
עסמ״ב	ע״ב ס״ג מ״ה ב״ן
ע״ז	עובדי עבודה זרה
עעכו״ם	עובדי עבודת כוכבים ומזלות
ע״פ	על פי
עצה״ד	עץ הדעת
עצהי״ט	על צד היותר טוב
ע״ק	עתיקא קדישא
ע״ר	ערב רב
ע״ש	עיין שם
עש״ה	עין שם היטב
עש״מ	על שום מה
פ״א	פרק א׳ ; פעם אחת ; פרוש אחר
פא״פ	פנים אל פנים ; פה אל פה
פב״א	פנים באחור
פב״פ	פנים בפנים

פו"א	פנים ואחור
פו"ח	פנימיות וחיצוניות
פו"כ	פרט וכלל
פי	פירוש
פלה"ק	פתיחה לחכמת הקבלה
פלו'	פלוני
פרד"ס	פשט, רמז, דרוש, סוד
צא"ל	צריך אתה לדעת
צח"מ	צומח, חי, מדבר
צל"ד	צריך לדעת
צל"ה	צריך להיות
צל"ו	צריך לומר
צ"ע	צריך עיון
ק'	קדוש
קב"ה	קודשא בריך הוא
קבו"ש	קודשא בריך הוא ושכינתיה
קה"ק	קדש הקדשים
קה"ת	קריאת התורה
קו"ח	קל וחומר
קוש"י	קוצו של יוד
קלי'	קליפות
קמ"ל	קא משמע לן
ק"ק	קדש קדשים
ק"ש	קריאת שמע
ר"א	רבי אבא; רבי אלעזר
ראב"ד	ראש בית דין
רדל"א	רישא דלא אתידע
רה"י	רשות היחיד
רה"ק	רוח הקדש

לוח ראשי תיבות

רה״ר	רשות הרבים
רח״ו	ר׳ חיים וויטאל
ר״ל	ראיה לדבר ; רצוני לומר
רל״ה	רצון להשפיע
רל״ק	רצון לקבל
ר״מ	רעיא מהימנא
רמ״ח	מספר 248
רמ״ק	ר׳ משה קורדובירו
רע״מ	רעיא מהימנא
רפ״ח	288 נצוצות
רשב״י	ר׳ שמעון בר יוחאי
רשר״ד	ראיה, שמיעה, ריח, דבור
ר״ת	ראשי תיבות
רת״ס	ראש, תוך, סוף
ש׳	שאלה
ש״א	שליש אמצעי ; שליש א׳
ש״ב	שער ב׳
שב״ד	שליח בית דין
שביה״כ	שבירת הכלים
שבי״כ	שבירת כלים
ש״ג	שער ג׳ ; שיעור ג׳
שג״ע	של גן עדן
שה״ש	שיר השירים
שוא״ת	שב ואל תעשה
שו״ת	שאלות ותשובות
ש״ח	שנאת חנם
שכ״א	שכל אחד
שמרשב״י	שער מאמרי רבי שמעון בן יוחאי
שנגל״ה	שורש, נשמה, גוף, לבוש, היכל

200

שס"ה — מספר 365

ש"ע — שליש עליון ; שמנה עשרה ; שמיני עצרת

ש"ר — שלוש רגלים ; שם רע

ש"ש — שם שמים

ש"ת — שמחת תורה ; שליש תחתון

ת' — תשובה

ת"ד — תיקונא דיקנא

תה"ש — תפלת השחר

תובב"א — תבנה ותכונן במהרה בימינו אמן

תוה"ק — תורתנו הקדושה

תושב"כ — תורה שבכתב

תשבע"פ — תורה שבעל פה

ת"ז — תקוני זהר

ת"ח — תא חזי ; תקונים חדשים ; תלמיד חכם

תחה"מ — תחית המתים

תכ"ה — תורת כהנים

ת"מ — תפלת מנחה

ת"ע — תפלת ערבית

תק"ז — תקוני זהר

תרי"ג — מספר, תרי"ג מצוות

ת"ש — תפלת שחרית ; תא שמע

תש"י — תפילין של יד

תש"ר — תפילין של ראש

ת"ת — תפארת

ביביליוגרפיה

רבי שמעון בר יוחai

ספר הזהר

אריז"ל

עץ חיים

פרי עץ חיים

שער רוח הקודש

שער המצוות

שער הכוונות

שער הגלגולים

רמח"ל – רבי משה חיים לוצאטו

קל"ח פתחי חכמה

דרך ה'

פתחי חכמה ודעת

דרך חכמה

מתוק מדבש

זהר הקדוש

ר' רפאל אפיללו

חשיבות לימוד הזהר

אריז"ל, נשיא המקובלים

מושגי חכמת הקבלה

Kabbalah Concepts

Kabbalah Dictionary

טבלאות

בראש		קצוות	ספירות
עין ימין	חכמה	דרום	הסד
אוזן ימין	עושר	צפון	גבורה
נחיר ימין	זרע	מזרח	תפארת
עין שמאל	חיים	מעלה	נצח
אוזן שמאל	ממשלה	מטה	הוד
נהיר שמאל	שלום	מערב	יסוד
פה	חן	אמצע	מלכות

מדרגת הנשמה	השם
יחידה	קוצו של יוד י
חיה	יוד י
נשמה	הא ראשונה ה
רוח	וו ו
נפש	הא שנייה ה

מתכות	צירופי יה״ו	יום	כוכבים	ספירות
כסף	יו״ה	ראשון	לבנה	הסד
זהב	הו״יי	שני	מאדים	גבורה
נחושת	וי״יה	שלישי	חמה	תפארת
בדיל	יה״יו	רביעי	נוגה	נצח
עופרת	היי״ו	חמישי	כיכב	הוד
כסף	וה״יי	ששי	שבתאי	יסוד
ברזל		שבת	צדק	מלכות

נשמה	פרצוף	עולם
נפש	נוקבא	עשייה
רוח	ז״א	יצירה
נשמה	אמא	בריאה
חיה	אבא	אצילות
יחידה	אריך	אצילות

נשמה	תורה	במילוי השם	פרצוף	ספירות
יחידה	טעמים	שם ע״ב	ארך אנפין	כתר
חיה	טעמים	שם ע״ב	אבא	חכמה
נשמה	נקודות	שם ס״ג	אמא	נינה
ריח	תגין	שם מ״ה	זעיר אנפין	ו׳ ספירות חג״ת ונה״י
נפש	אותיות	שם ב״ן	נוקבא	מלכות

מלאכים	נשיא	
שרפי-ם	יהו-אל	1
אופני-ם	רפ-אל	2
כרובי-ם	כרו-ב	3
שנאני-ם	צדקי-אל	4
תרשישי-ם	תרשי-ש	5
חשמלי-ם	חשמ-ל	6
מלאכי-ם	עוזי-אל	7
בני אלהי-ם	חפני-אל	8
אישי-ם	צפני-ה	9
אראלי-ם	מיכ-אל	10

ספירות	בשמות	באדם	במשכן
כתר	אהיה	גלגלתא ואויר	כרוכים
חכמה	יה	מוח ימין	כפירת
בינה	יהיה בניקוד אלקיס	מוח שמאל	ארון
דעת חסד	אל (אהיה)	זרוע ויד ימין	מנורה
גבורה	אלהיס	זרוע ויד שמאל	שלחן
תפארת	יהוה	גוף	מזבח הזהב
נצח	יהוה צבאות	ירן ורגל ימין	כיור
הוד	אלהים צבאות	ירן ורגל שמאל	כני
יסוד	שדי אל חי	ברית	מזבח העולה
מלכות	אדני	עשרת הבריח	החצר והקלעים

טבלאות

ספירה	תנועות
כתר	קמץ
חכמה	פתח
בינה	צירה
חסד	סגול
גבורה	שווא
תפארת	חולם
נצח	חיריק
הוד	קובוץ
יסוד	שורוק

	היכל	ספירה
1	לבנת הספיר	יסוד - מלכות
2	עצם השמים	הוד
3	נוגה	נצח
4	זכות	גבורה
5	אהבה	חסד
6	רצון	תפארת
7	קדש קדשים	כתר, חכמה, בינה

זיווגים של הפרצופים	תפילה
יעקב ורחל	שחרית
ישראל ולאה	מנחה
יעקב ולאה (מהחזה ומעלה)	ערבית
פרצופי יעקב ולאה (מהחזה ומטה)	תיקון חצות
תפילת מוסף בשבת, ובאירועים מיוחדים אחרים	ישראל ורחל

	ה	ו	ה	י		
ע״ב	הי	ויו	הי	יוד		
	15	22	15	20	=	72
ס״ג	הי	ואו	הי	יוד		
	15	13	15	20	=	63
מ״ה	הא	ואו	הא	יוד		
	6	13	6	20	=	45
ב״ן	הה	וו	הה	יוד		
	10	12	10	20	=	52

אצילות	בריאה	יצירה	עשייה	מדרגות הנשמות
				נשמה
נוקבא	נוקבא	נוקבא	נוקבא	**נפש**
ז״א	ז״א	ז״א	ז״א	**נפש**
אמא	אמא	אמא	אמא	**נפש**
אבא	אבא	אבא	אבא	**נפש**
אריך	אריך	אריך	אריך	**נפש**
נוקבא	נוקבא	נוקבא	נוקבא	**רוח**
ז״א	ז״א	ז״א	ז״א	**רוח**
אמא	אמא	אמא	אמא	**רוח**
אבא	אבא	אבא	אבא	**רוח**
אריך	אריך	אריך	אריך	**רוח**
נוקבא	נוקבא	נוקבא	נוקבא	**נשמה**
ז״א	ז״א	ז״א	ז״א	**נשמה**
אמא	אמא	אמא	אמא	**נשמה**
אבא	אבא	אבא	אבא	**נשמה**
אריך	אריך	אריך	אריך	**נשמה**
נוקבא	נוקבא	נוקבא	נוקבא	**חיה**
ז״א	ז״א	ז״א	ז״א	**חיה**
אמא	אמא	אמא	אמא	**חיה**
אבא	אבא	אבא	אבא	**חיה**
אריך	אריך	אריך	אריך	**חיה**
נוקבא	נוקבא	נוקבא	נוקבא	**יחידה**
ז״א	ז״א	ז״א	ז״א	**יחידה**
אמא	אמא	אמא	אמא	**יחידה**
אבא	אבא	אבא	אבא	**יחידה**

נשמה	פרצוף
יחידה	אריך אנפין
חיה	אבא
נשמה	אמא
רוח	זעיר אנפין
נפש	נוקבא

ספירה	מדרגת נשמה
כתר	יחידה
חכמה	חיה
בינה	נשמה
דעת	רוח
חסד - גבורה	רוח
תפארת	רוח
נצח - הוד	רוח
יסוד	נפש

	השם	מדרגת הנשמה	ספירה
י	קוצו של יוד	יחידה	**כתר**
י	יוד	חיה	**חכמה**
ה	הא ראשונה	נשמה	**בינה**
ו	וו	רוח	**דעת**
ו	וו	רוח	**חסד**
ו	וו	רוח	**גבורה**
ו	וו	רוח	**תפארת**
ו	וו	רוח	**נצח**
ו	וו	רוח	**הוד**
ה	הא שנייה	נפש	**יסוד**

אהי-ה	**כתר**
י-ה	**חכמה**
י-ה-ו-ה	**בינה**
אהו-ה	**דעת**
אל	**חסד**
אלהי-ם	**גבורה**
י-ה-ו-ה	**תיפארת**
יהו-ה -צבאות	**נצח**
אלהי-ם צבאות	**הוד**
שד- י	**יסוד**
אדנ- י	**מלכות**

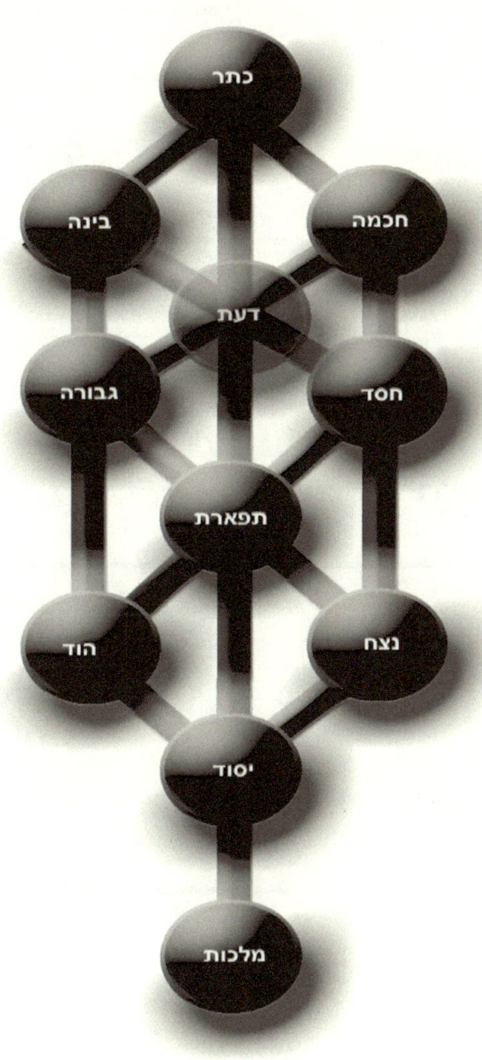

כתר
בינה
חכמה
דעת
גבורה
חסד
תפארת
הוד
נצח
יסוד
מלכות

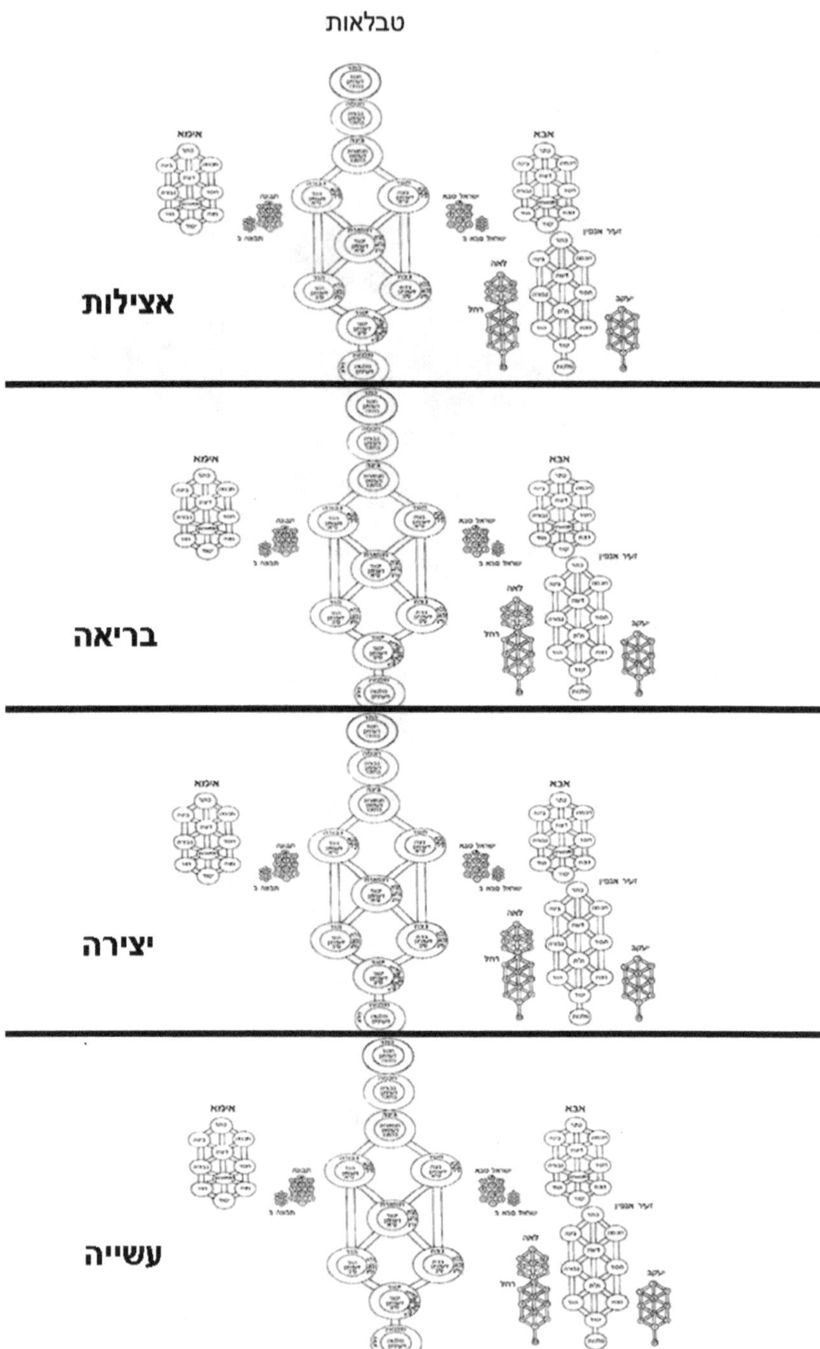

אצילות
בריאה
יצירה
עשייה
אימא
אבא

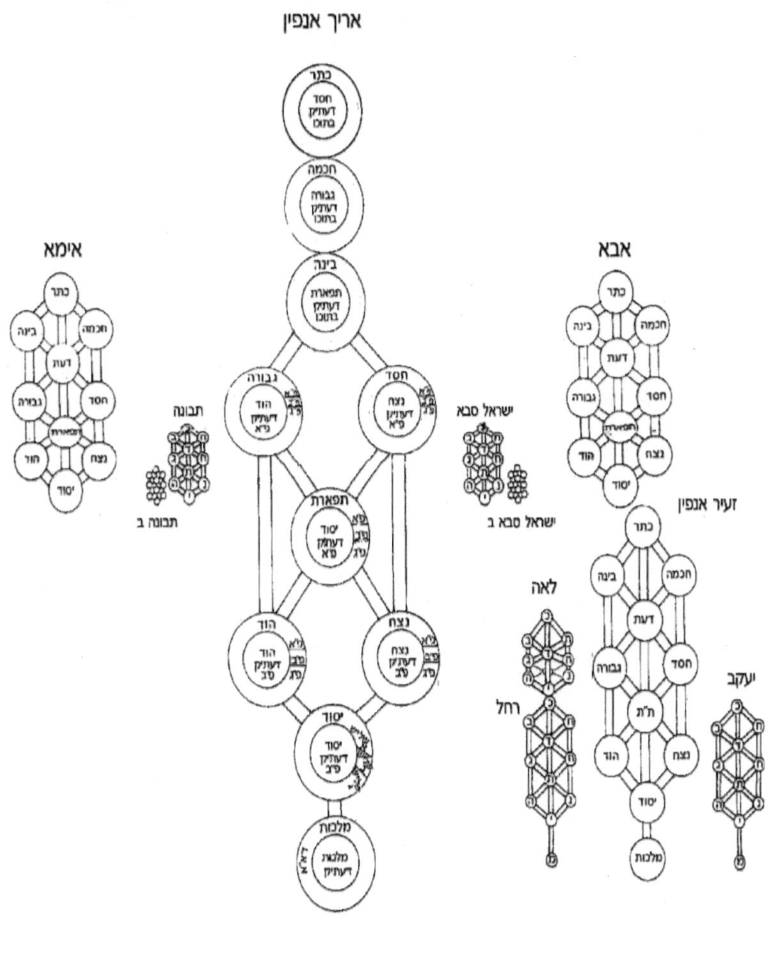